シアワセなお金の使い方

―新しい家庭科勉強法 2

南野忠晴 著

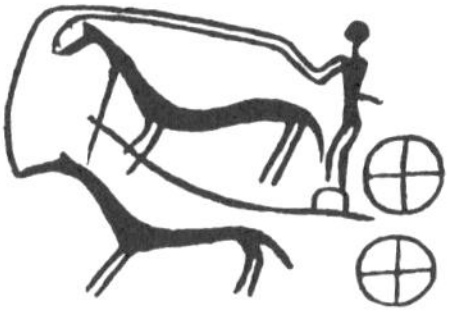

ュニア新書 796

はじめに――これからお金についての授業を始めます

いま、あなたが自分で自由に使えるお金って、どれくらいありますか？銀行などにいっぱい貯金を持っている人もいれば、小遣い日の前なので財布に入っている小銭が全財産、なんていう人もいることでしょうね。もしかしたら、お金が必要なときは親に言って、もらっているのでわからない、という人もいるかもしれません。

「自分名義の貯金としては結構あるんだけど、親が使わせてくれないので、〝自分で自由に〟使えるわけじゃないんだよな。だから、そんな質問されても、通帳の金額を答えればいいのか、財布の中身を答えればいいのか迷っちゃう」なんていう人もいるでしょうか。

僕がたずねているのは、あくまで「自分で自由に」使えるお金のことです。おとなでも、例えばサラリーマンなら、給料をもらったばかりのときは、誰でもある程度のお金を持っていますが、生活費やローンの返済などがあるので、とても「全額」を「自由に」なんて使えません。だから、「お金ある？」と聞かれたら、ふつうは自分が自由に使える額の範囲内で答えます。

実はお金のことを考えるとき、大切なのが、この「自由に使えるお金」と「使い先が決まっているお金」を区別することなんですね。でも、それをしっかりきちんと分けて考えている人は案外少ないようです。

お金は上手に使えば人を幸せにしてくれますが、なかにはお金とのつきあい方を間違って、本当にどうしようもなくなってしまう人もいます。大きなお金を手にするようになるまでに、お金について、使い方も含めて考えておくことはとても大切なことだと思います。


僕はいま、大阪の高校で家庭科を教えています。家庭科には「消費経済」を扱う単元があって、そこでは「お金とのつきあい方」についての勉強をします。「消費者」としてお金の使い方を考えたり、「労働者」としてお金の稼ぎ方を考えたり、人生を見通した生活設計を学んだり、あるいは悪質商法やローンがらみの多重債務について勉強したり、消費と環境問題についても学びます。私たちが一生つきあう「お金」について、教科書の内容は実にバラエティに富んでいます。

僕自身も、生徒たちが高校を卒業して社会に出てゆく前に、「お金」についてはしっかり学んでおいてほしいと思っています。そして可能な限りシアワセになる使い方を身につけてほしいと考えています。だから、「授業では特に時間をかけて扱っています」と言いたいところなのですが、実は、あまりというか、ほとんどと言っていいほど時間をかけていません。

「手抜きだ」と言われても、言い訳もできないのですが、家庭科ではほかにも教えたい内容がたくさんあって、割り当てられた少ない授業時間では、とてもじゃないけど消費経済の単元までは十分には教えきれない、という現状があるのです。それは、どの家庭科の先生にも共通している悩みだと思います。

具体的に言いますと、一年生で二単位、二年生で二単位の「家庭総合」の授業をしている学校もありますが、一年生のときに週二時間の「家庭科(家庭基礎)」を学習するだけの学校のほうが多いのです。つまり二単位です。もともと時間数が少なかったのですが、さらに減っているのが現状です。

ところが、今回、幸運なことに、岩波書店から、「お金とのつきあい方」に関する本を出すことになりました。お金についての授業をするなら、あんなこともこんなこともしたいなと夢見ていた僕には、飛びつきたくなるような提案です。

実際に教室で行っている授業も、僕の頭の中だけで構想している授業も、授業にはならないかもしれないけれど生徒たちに雑談として話したいことも、どれもこれもひっくるめて、「紙上」で授業をさせてもらいたいと思いました。

ほとんどが実際に行っている授業ではないので、「机上版・家庭科読本〈消費経済編〉」とでもいったことになるでしょうか。

みなさんには、ぜひ授業に参加しているような気分で読んでいただき、できれば積極的に「手を挙げて発言」していただければ嬉しく思います（感想やお手紙、ネットでの発信など大歓迎です）。

それでは授業を始めます。

目次

イラスト＝村山宇希

1時間目

この世でいちばん大事なものは…お金？

「私の大切なもの」ワーク

一時間目は、ちょっとしたワークで授業を始めようと思います。題して「私の大切なもの」ワークです。

高齢者向けの施設で働いている知り合いが、「職場の職員研修でやったの」と言って教えてくれたワークなので、進め方の中に福祉施設ならではという部分が感じられるかもしれません。それも魅力の一部になっています。

これは、いままでに授業でも何回か行いましたし、市民向けの講座でも行ったことのあるワークですが、やるたびにいつも何か新しい発見がある、僕の大好きなワークのひとつです。

「私の大切なもの」ワークのやり方は次の通りです。ひとりでやるのもいいですが、何人か集まってやると、いろんな考えが聞けて、よりおもしろくなります。

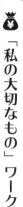

【ワーク】私の大切なもの

準備

①適当な大きさの紙を用意します(B5 or A4くらいの大きさの白い紙)。

②それを九つに切り分けます(下図)。

③一枚にひとつ、「私の大切なもの」を書いていきます。

「大切なもの」と言っていますが、特に、「大切なもの」に限らず、「大切なこと」でも、「大切な人」でも構いません。

例えば「大切なもの」なら、「誕生日に写した家族写真」とか「有名選手のサイン」とか、この本のテーマである「お金」などでもいいで

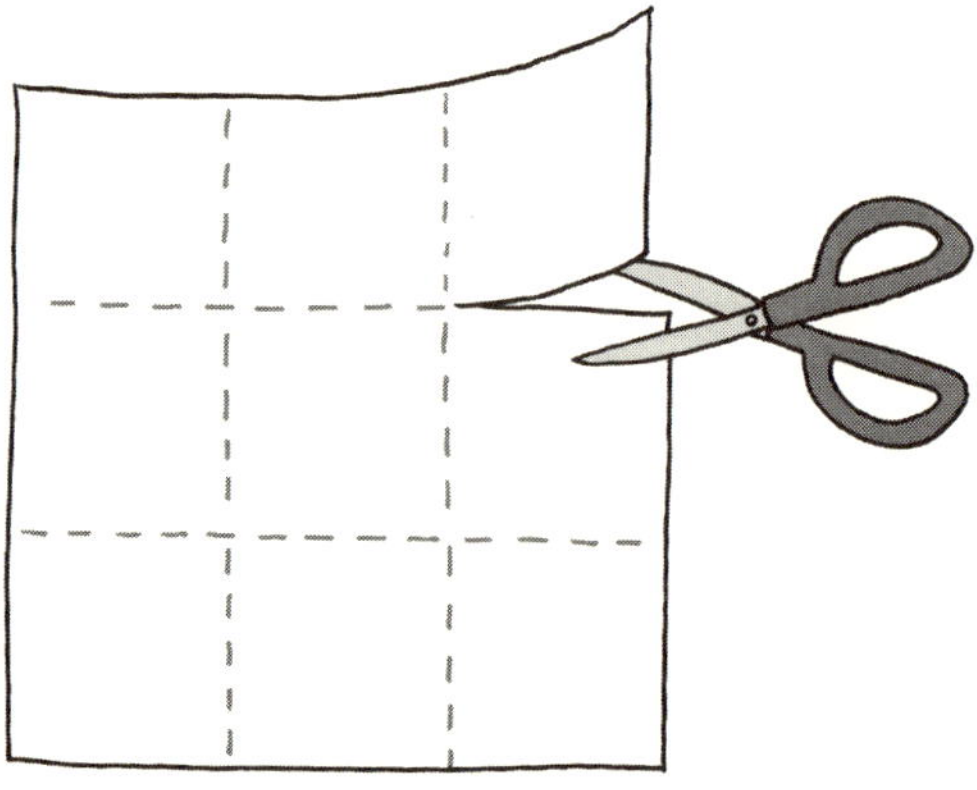

9つに切り分けていきましょう

しょう。「大切なこと」なら、「小さいときからやっているダンス」とか「食べること」とか「寝ること」なんかが思い浮かぶかもしれませんね。「大切な人」なら、きっと「おとうさん」とか「恋人」とか「友人」などと書く人もいることでしょう。

そういった、「自分にとって大切なもの」を九つ考えて、一枚にひとつずつ書いていきます。なかには、「九つも思い浮かばない」という人もいると思いますが、そういう場合は、「着る服」とか「住む家」とか「食料」など、生活に必要なものなどを加えたりして、とにかく九つにします。それらも大切なものには違いありませんからね。

あなたも適当な紙を一枚持ってきてください。そして、それをていねいに九つに切り分け、「あなたの大切なもの」を九つ書き出してみましょう。さあ、どんな項目が並ぶでしょうか。

九枚そろったら、机の上などに並べて、一度じっくりと全体を眺めてみてください。それらは、自分が現時点で大切だと思うものが書かれた九枚のカードです。少し大げさ

カードに書く言葉は人それぞれ

かもしれませんが、あなたの現在の人生観を表しているともいえます。

一見、「何の脈絡もなく九枚のカードが並んでいる」という状態になっている人もいるでしょう。でも、じっくり眺めているうちに、何か共通するものが見えてきて、そこからあなたの人生のテーマが浮き上がってくるかも……なんていうと、それこそ大げさかもしれませんね。

何人か集まってやると、書いている内容が一人ひとり違うので、その違いを見ているだけでも十分におもしろいのですが、ワークはここからが本番です。

本当に大切なものは何だろう

カードが用意できた人は、以下の指示に従って一緒にワークを進めましょう。

指示①

　これまであなたは、カードに書いた「大切なもの」と一緒に生活を楽しんできました。しかし、やがて歳をとり、できないことが増えてきました。カードに書いたいくつかのことをあきらめなければなりません。あきらめるものを選んでもらいます。九つのカードのうち、三枚選び、破り捨ててください。

実際の授業では、ここで生徒たちから大きな声が上がります。
「ええーっ?! 　そんなん選ばれへん！」
「九つ考えろって言うから無理やり考えたのに、なにそれ！」

「先生、ぜったい三枚なん？　二枚だけやったらあかんの？」

「お、お父さんって、破り捨ててしまってもいいのかな……」

僕はあちこちから上がる悲鳴をものともせず、逆に追い打ちをかける勢いで、次のように宣言します。

「必ず三枚破り捨ててください。そして、破るときの気持ちを覚えておいてください」

簡単に三枚のカードを選んで破ってしまう生徒もいますが、大半の生徒は、けっこう時間をかけて真剣に選びます。なかには、なかなか決められなくて泣きそうな表情になっている生徒がいることもあります。

「大切なもの」をしっかり考え、気持ちを込めて書いたものであればあるほど、それを破るのは大変なことです。それでも、最後には全員なんとか三枚のカードを選び、破り捨てます。

では、あなたも三枚選んで破り捨ててください(手元に六枚のカードが残ります)。

指示②

しばらく、残った六つの「大切なもの」を大事にしながら暮らしていたあなたですが、さらに体が弱ってきて、自宅での生活を断念し、施設に入所することになりました。施設にはさまざまな制約があって、いろんなものをあきらめなければなりません。六枚残っているカードの中から、さらに三枚選んで破り捨ててください。

頭の中で考えるだけだと、次の三枚を選ぶのは、最初よりもっと大変だろうなと想像しがちなのですが、不思議なことに、実際にやってみると、たいていそんなことにはなりません。

最初に三枚を破ったときの勢いがあるからか、破り捨てることに慣れてしまうのか、ほとんどの生徒は、黙って、あまり時間をかけることもなく、次の三枚を選んで破り捨てます。

「はいはい、あと三枚破ればいいんでしょう」というような感じでしょうか。逆に、最初の三枚を悩まなかった人がこの時点で悩むこともあります。最初のカードには、それほど思い入れのあるものが書いてなかったということかもしれません。

さて、あなたはどうでしょう。次の三枚を選ぶのは簡単ですか、それとも難しいですか？　いずれにせよ、三枚選んで破り捨ててください（手元には、三枚のカードが残ります）。

指示③

さて、施設に入所したあなたは、幸運にも感じの良い職員と仲良くなり、いつもにこやかに対応してくれるばかりか、ときには愚痴《ぐち》まで聴いてもらったりしながら、まあまあ快適な生活を送っていました。ところが、今度その職員が異動することになり、残ったのは、どちらかと言えば厳しくて、あまりあなたとは相性の良くない職員ばかりです。あなたは、三枚残ったカードのうち二枚をあきらめなければなりません。一枚だけ残して、あとは破り捨ててください。

教室は、またもや大パニックです。

「ええーっ、そんなん無茶や！」

「選ばれへん～」

それはそうでしょう。とうとう三枚に減ってしまったカードは、どれもこれまで破ることのできなかった大切なカードばかりです。一枚だけを残すなんて究極の選択に違いありません。破り捨てるには抵抗のあるものが書いてあるはずです。ときには、いつまで経ってもカードを選べず、ずっと悩んでいる生徒も出現します。

さて、あなたもよく考えて、最後の一枚を選んでください。あとで、なぜその一枚を残したのかたずねますから、気持ちを込めて選んでもらえたらと思います。

最後に残ったカードは？

もう、気づいていると思いますが、これは、自分が人生で何を大切にしたいかを考えるためのワークです。そして、同時に、まわりの人たちが何を大切に考えているかを知るワークでもあります。

ですから、授業では、全員に発表をしてもらいます。発表といっても、そんなに難しいものではありません。僕からの質問は次の四つで、それに答えてもらえればいいだけです。

①最後に残ったカードに書かれていたものはなんですか？
②なぜそのカードを最後まで残したのですか？
③どのカードを破るときが一番つらかったですか？
④それはどうしてですか？

あなたも最後に残った一枚を見ながら、なぜそのカードを残したのか、どのカードを破るのが一番つらかったか、それはどうしてなのかを考えてみてください。

いままでやった授業の中で、残ることが多かったカードは「家族」でした。理由を聞くと、「一番自分を助けてくれ、支えてくれる存在だから」というような返事が返ってきます。聞いてみると、生徒たちの頭の中にある「家族」には、たいていお父さんやお母さんが含まれています。

お気付きの人も多いと思いますが、ワークの設定が「自分が高齢になって」というものなので、「お父さん」や「お母さんは」その時点ではもう存在していないことが前提です。でも、もともと、高校生に「高齢になった自分を想像してくれ」と要求すること自体に無理があるので、その辺のことには触れないで授業を進めます。将来、家族のメンバーが入れ替わっても、「家族を大切に思う」という心情自体に変わりはないと思うからです。

どの生徒も真剣ですが、発表を聞いていると想像もしなかったユニークな回答もけっこうあって実におもしろいです。また笑えるものやしんみりするもの、他にもいろいろ出てきます。ボケとツッコミを意識する土地柄のせいか、ノリのいい子が教室に必ずひとりはいるケースが多く、そのため話がびっくりするくらい盛り上がることも少なくありません。例えば……

南野「じゃあ、みんなに発表してもらいます。まず、彩さん、お願いします」

彩「最後まで残ったカードは「シンゴくん」です。もちろん、大好きな彼だから残しました。破るのが一番つらかったカードは「家族」です。いろいろお世話になっているし、私にとっても大切な人たちなので、本当に破っていいのか迷いました。でも、やっぱり、家族とはそのうち別れるけど、シンゴくんとは絶対に別れることはないので残しました」

由依「えーっ!! あんた、この間大ゲンカして、もうあんなヤツ知らんとか言うてたやん」

彩「ケンカするほど仲がええの。あんた、そんなこともわからへんの?!」

南野「わかったから、続きは別のときにしてください。では、続いて裕二くん、お願いします」

裕二「僕が最後まで残したカードは「音楽」です。この先、音楽で食べていけるようになるかどうかはわからへんけど、音楽とは一生つき合っていきたいと思うからです。つらかったというか、悩んだのは「お金」を破るときです。お金がなかったら生活していけるかどうかわからへんから悩みました」

亮「裕二は才能あるし、きっと大丈夫やって。みんなで応援してるからな」
雄也「そうや、そうや。このクラスはみんなが裕二のファンやしな」
裕二「うん、ありがとう。俺、がんばるわ」
南野「続いて菜津美さん、お願いします」
菜津美「わたしは、「笑顔」を残しました。「命」と「笑顔」が最後に残って、ほんまにほんまにどうしてええかわからへんようになったんやけど、命があっても笑顔がなかったら生きとってもしゃあないと思って、それで「命」を破って「笑顔」を残しました」
由紀「うわぁー、深い。深すぎるー」
奈菜「あんた、そんなこと考えてたん。これからはあんたのこと、なんか、いままでと同じ目では見られへんような気がするわ」

などなど、友だちの意外な面が見えてきたり、ときには人生とは何かを考えさせられるような発言が飛び出したりすることもあるのです。

おじさんたちの場合

機会があって、市民向けの講座で、何度かこのワークをしたことがあります。どれも四〇代〜八〇代のおじさんたちの集まりです。僕も立派なおじさんのひとりなので、講座に参加しているおじさん仲間が、どんなカードを残してどんなことを言うのか、興味津々です。

ある講座でのことです。二〇人ほどの参加者のうち、七〜八人が「お金」を残し、やはり七〜八人が「妻」を残しました。そのとき、けっこうおもしろい会話が生まれたんです。ちょっと聞いてみてください。

Aさん「お金さえあれば何とかなるでしょう。妻や子どもも、一応最後まで残してはいましたが、やっぱり最後の最後はお金ですよ。お金さえあれば、介護だってちゃんとしてもらえますからね」

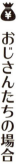

Bさん「そうそう。妻や子どもなんてあてになりません。お金、お金」

Cさん「そんなことはないでしょう。妻はやっぱり頼りになりますよ」

Dさん「私は「健康」を残しました。最初はお金にしようかと思ったんですけどね。よく考えたら、いくらお金があったって、自分が認知症《にんちしょう》にでもなれば、お金なんて誰にどう使われるかわかったもんじゃないでしょう。とにかく自分がしっかりしてなきゃと思ったら、やっぱり健康かなと思います」

Bさん「認知症か。自分が認知症になるなんて考えたこともなかったけど、もしそうなったら、いくらお金を持ってても、自分のために使えるという保証はないか」

Aさん「でも、いくら健康でもまったく金がないってのもねぇ」

Bさん「たしかに、健康でお金もあるっていうのが一番だねぇ。先生、二つ残すのはダメなんですか。ダメ。そうなの。だったら、妻を残すしか仕方ないか。あいつ、裏切ったりしないよなぁ」

南野「それは、大胆な博打《ばくち》に出ましたねぇ」

Cさん「先生、それは言い過ぎじゃないですか……」

おじさんたちの大切なものは……？

みなさんは、おじさんたちの会話を聞いて何を感じましたか。お金があれば何とかなると考える人はおとなの中にもたくさんいます。でも、実際には、たとえお金がふんだんにあっても、自分にそれを管理する能力がなければ、自分のために使われるとも限らないんですね。ワークの前提が、「自分の体が弱ってきたとき」なので、おもしろい会話になりました。

そのときの結論は、「結局、特定の誰かでなくていいから、誰か信頼できる人間にそばにいてもらえたら、それが幸せっていうことなのかもしれませんねぇ」というようなものに落ち着きました。

「お金」や「妻」を残さなかった人の中には、こんな意見を言ってくれた人もいました。

Eさん「僕はね、「話ができる友だち」を残しました。僕はとにかくおしゃべりが好きで、誰かと話をしていないとダメなんですよ。お金もある程度必要だろうけど、老人ホームに入っているということだから、なんとか生きてだけはいけるということでしょう。だったら、「話し相手」です。話を聞いてくれる人さえいれば、毎日、何とかやっていけそうに思うんですよ」

なんだか、とっても穏やかな語り口で話をされていたので、すぐにでもその人と友だちになって、「話し相手」に立候補したくなりました。人間関係を大切にされている様子が、話しぶりからにじみ出ていたんですね。

読者の中には、もしかしたら「おじさん」や「おばさん」に属する方もいらっしゃるかもしれませんね。

あなたは何を残しましたか？　それはなぜですか？　けっこう身につまされるワークなので、人によってはワークをすること自体がきついと感じる場合もあるかもしれませんね。けっして無理はなさらないでください。

でも、「若いときなら、何を書いて何を残しただろうな」なんて考えてみると、案外おもしろいのではないかと思います。きっと、いまとは違うことを書いて、違うカードが最後に残っていたのではないでしょうか。僕はそうですね。

まだ若い人たちも、「自分がある程度の年齢になったら何を残したいと思うだろう」と考えてみるのもいいのではないでしょうか。視点を変えると、残したいものも変わってくると思います。「今の年齢」で残したいものと、「未来の自分」が残したいものが異なるとしたら、なぜなのかを考えてみるといいでしょう。

「若い」自分と「年老いた」自分。二つの視点から人生を眺めなおすことで、自分の「本当に大切なもの」が見えやすくなるのではないかと思います。このワークで、「人生の優先事項」が見つかるなら、これ以上嬉しいことはありません。

破り捨てられてしまったカードにも大きな役割があります。一度は「大切なもの」として選ばれたにもかかわらず、結局は破り捨てられてしまったわけですが、カードを破り捨てるときの心の痛みや、痛みの大きさが、カードに書かれていたものの重要性を表しています。

人生では、一度は自分のものだと思った「もの」でも「こと」でも「ひと」でも、やがてはすべてが自分のものではなくなってしまいます。自分自身の肉体でさえ例外ではありません。それは誰にも逃れることのできない事実です。そう考えるとむなしいですか？

でも逆に、「だからこそ大切にしよう」と考えることもできます。なくすときの痛みを想像することで、それが手元にある「今という瞬間」の貴重さが、改めて浮かび上がってくるからです。

お金の授業を本格的に始める前に、自分が何を大切に思っているのかを知っておくことには大きな意味があります。そして、大切なものはその時々で常に変わります。ワークの形を取らなくても、時々、「今の自分は何を大切だと思っているのだろう」と自分に問いかけてみることは大事だと思います。

コラム❶ もし、六億円の宝くじに当たったら……

まさか、中高生のみなさんは宝くじを買ったことはないですよね？

年末ジャンボ宝くじなどは、現在のところ一枚三〇〇円です。当たる保証もないものにお金を払うには、中高生だと少し高いと感じるかもしれません。そんなことに使うなら、もっと有意義なものに使いたいと考える人もいるでしょうし、一枚とか二枚なら、なかには運試しで買ってみたい！という人もいるかもしれません。

おとなの中には、一度に一〇〇枚（三万円分）くらい買う人はざらにいて、なかには一〇〇〇枚(三〇万円分)とか、それ以上とか買う人も結構いるようです。もちろん、みんな大金を手に入れることを夢見て買うんですね。

年末ジャンボ宝くじなど、大型の宝くじの賞金は、時代とともに少しずつ増えてきました。そしてここしばらく、一等の賞金額は、前後賞を合わせて「三億円」でした。三億円という金額は、ちょうど、「大卒サラリーマンの生涯賃金」とほぼ同じ(最近は少し少なくなっているようですが……)ということもあって、家庭科の授業で、次のような「ネタ」としてよく取り上げさせてもらってました。

「宝くじの一等の賞金は三億円です。ところで、大卒サラリーマンの生涯賃金(一生の間にもらう給料の合計金額)も三億円くらいなんですね。よく「宝くじに当たったら一生遊んで暮らす」という人がいますが、大卒サラリーマンの生涯賃金と同じなら、「働かずに暮らす」ことはなんとかできても、とても「一生遊んで」暮らすことはできません。それどころか、働いていないと企業年金には入れないので、国民年金だけで暮らすにはこころもとないと考えるなら、老後のためにかなりの金額を残しておく必要がでてきます。宝くじに当たったら、「貯金の残高をにらみながら、サラリーマンよりもつつましい生活を心がけ、誰よりも計画的な生活を送る」というのが、「正しい当せん者の姿」ということになるでしょうか。ははははは」

そんなとりとめもない話をしていた矢先の二〇一二年、ある発表が僕を驚かせました。年末ジャンボ宝くじの一等と前後賞を合わせた当せん金が六億円になったというのです。三億円と六億円では話が全然違います。六億円あれば、生活費を三億円で賄《まかな》ったあと、まだ三億円を自由に使えるのですから。生徒たちはどう考えるだろうと思って、さっそくアンケートを取ってみました(その時のアンケートは次のようなものです)。

ワーク…六億円が当たったら?!

(　　)年(　　)組(　　)番　氏名

あなたは就職先も確定した高校三年生。成績の心配はなく、卒業にもまったく不安はありません。そんな年末のある日、アルバイト先で給料をもらった帰り道、ちょっとした運試しのつもりで、「年末ジャンボ宝くじ」を連番で一〇枚買いました。そしたら……な、な、なんと、一等と前後賞合わせて六億円が当たってしまいました！

そこで！　あなたに質問です。

①当せん金の六億円はどのように使おうと思いますか？

②仕事のことを含め、今後の生活はどんなふうになりそうですか？

③六億円当たったことで、予想される何かよくないことってありますか？

④結婚とか、どんな感じになりそうですか？

⑤最後に、あなたは六億円の当せんをめざして宝くじを買いますか？　買う人も、買わない人も、理由を教えてください。

生徒たちの反応については後述します。

ところで、宝くじのシステムは、インターネットなどで調べるとすぐにわかりますが、売上金の約五〇パーセントを賞金にまわす形で運営されています。二〇一二年の年末ジャンボ宝くじの場合は、次のようなものだったそうです。

■二〇一二年　年末ジャンボ宝くじ

・一枚三〇〇円
・一ユニット当たり一〇〇〇万通(三〇億円分)の発行
・発行予定ユニット数は六八ユニット(実際に売れたのは六一ユニット)
・各ユニットの当せん金額と当せん本数、および配当率は以下の通り

一等	四〇〇、〇〇〇、〇〇〇円	一本	一三・三パーセント
一等の前後賞	一〇〇、〇〇〇、〇〇〇円	二本	六・七パーセント

一等の組違い賞	一〇〇、〇〇〇円	九九本	〇・三パーセント
二等	三〇、〇〇〇、〇〇〇円	三本	三・〇パーセント
三等	一、〇〇〇、〇〇〇円	一〇〇本	三・三パーセント
四等	一〇〇、〇〇〇円	一〇〇〇本	三・三パーセント
五等	三、〇〇〇円	一〇〇〇〇本	一〇・三パーセント
六等	三〇〇円	一〇〇〇〇〇本	一〇・三パーセント
		配当計	約五〇パーセント

*賞金にまわるのは三〇億円のうち一五億円分(競馬などの配当率は約七五パーセント)

・一枚(三〇〇円)買って得られる賞金の期待額……約一五〇円

・一枚(三〇〇円)買って一等に当たる確率……一〇〇〇万分の一

(みずほ銀行ホームページより)

計算を簡単にするために、この年の年末ジャンボの売り上げを、六〇ユニット分の一八〇〇億円とすると、配当は五〇パーセントなので約九〇〇億円。印刷代や販売にかかる経費を一〇パーセント程度と見積もると約一八〇億円。残りは約七二〇億円。これが宝くじの利益ということになります。でも、宝くじの利益って、いったい誰の懐《ふところ》に入るのでしょうか？

答えは、各地方自治体です。宝くじは、「当せん金付証票法」という法律に定められた二〇指定都市と各都道府県が総務大臣の許可を得て発売元となり、販売しているくじなので、例えば大阪市で売れた分は大阪市の収入となり、宮崎県で売れた分は宮崎県の収入になるということなのだそうです。そして当せん金や経費をのぞいた収益金は主に、公共事業等に使われます。

つまり、売り出している自治体側からすると、宝くじという形で税金を集めているようなものなんですね。「税金」といわれると、「少しでも安く」と考える人が多いと思いますが、「宝くじ」という形だと、自発的に何万円でも何十万円でも「納めて」くれる人がたくさん現れるのですから、自治体は「やめられない」だろうと思います。

「えっ、そんなに儲かるんなら、僕も宝くじをつくって売りたい！」と考えた人、いませんか？　実は、個人で宝くじを販売すると犯罪になり、罰せられるので、それはできません。

刑法には次のように書かれています。

「刑法第一八七条(富くじ販売等)第一項　富くじを発売した者は、二年以下の懲役又は百五十万円以下の罰金に処する」(『岩波セレクト六法　平成25年版』)と。

気をつけてくださいね。


ところで、生徒たちは僕のつくったアンケートに、どんな回答を寄せてくれたでしょう。おもしろいのがいっぱいあったよと言いたいところなのですが、実際はなんだか拍子抜けのする回答が多かったのです。

「六億円をどんなふうに使うか」という最初の質問には、ほとんどの生徒が、「家のローン払ってあとは貯金する」とか、「お母さんにあげる」とか、「服とか欲しいものをある程度買って、あとは貯金する」などというもので、「遊びまくる」とか「使い果たす」などという(僕が期待したような)答えはほとんどありませんでした。

「仕事をするかどうか」という二番目の質問には、せっかく宝くじに当たったにもかかわらず、「仕事は普通にする」という回答が、なんと九割以上を占めていました。「予想される悪いこと」という三番目の質問には、「知らない親戚が急に増える」とか「たかられそう」「狙われる」などのほか、「ダラダラしてダメになりそう」「金銭感覚が狂ってしまうかも」など、しっかり現実を見つめているものが多かったのです。

「結婚」に関する四番目の質問には、「派手になりそう」「海外で挙式」などという回答もありましたが、ほとんどは「何も変わらない」と答えています。ただし、「(宝くじに当たったことは)結婚するまで相手に言わない」と書いている人が結構いて、「さすが、よくわかっていらっしゃるな」と思いました。

最後の質問、「宝くじを買うか買わないか」だけは意見が分かれました。「買う派」と「買わない派」が、ほぼ半々といったところでしょうか。

「買わない」と答えている人の理由は、「当たらないから」というのが一番多く、「自分の生活費は自分で稼ぎたい」と答えている、高校生の鑑《かがみ》のような人もいました。一方、「買う」と答えている人の理由は、「一発当ててみたい」なのかと思ったら、全く逆で、おもしろいことに、みんな「当たるとは思ってない」と書いているんですね。「じゃあ、なぜ買うの?」と思うのですが、「ちょっと夢を見てみたい」とか「ワクワク感を味わいたい」ということらしいですね。

さっき、データで見てもらったように、宝くじに当たる確率は本当に低いです。だから、決して「当たる」とか「当てて何とかしよう」とか考えたりせず、「生活のゆとりの部分で楽しむ」ようにすることが肝心だと思います。「本気」にならないことが大事だということを、高校生たちもよくわかっているのです。

でも、賞金金額はどんどん膨れ上がる傾向にあります。最後は海外のくじのように、何十億円などということになるのでしょうか。「本気」のひとがあまり増えないといいなと考えたりします。

一九七〇年代に、憂歌団というブルースバンドがおもしろい曲を流行《はや》らせています。当時は、宝くじが一枚一〇〇円で、一等の賞金が一千万円でした。歌詞を読むだけでもおもしろいですが、歌を聴くと圧倒されます。切ないような、笑えるような、いろんな解釈ができる曲だと言えるかもしれません。機会があれば、ぜひ聴いてもらいたいと思います。

当たれ！　宝くじ　　作詞・作曲：木村秀勝／唄：憂歌団

朝のはよから　百円持って
買いに行くのさ　１０００万
今度こそ　俺の番
年柄年中　働いたって
ちっとも金は　たまんねぇ
借金ばっか　増えるだけ

※当たれ！　宝くじ　当たれ！　宝くじ
当たれ！　宝くじ　当たれ！　宝くじ
今度こそ　俺の番だぜ※

こんな家とも　バイバイして
商売やって　金もうけ
今度こそ　今度こそ

（※くり返し）

当たれ！　当たれ！　当たれ！　当たれ！
当たれ！　当たれ！　当たれ！　当たれ！
今度こそ　１０００万

さて、あなたは、どんな感想をもたれたでしょうか。

2 時間目

お金と社会と人との関係

金は天下のまわりもの

現在の日本はとても豊かな国だと言われます。いまの日本で、食料不足だとかモノ不足などという話を聞くことはほとんどありません。たしかに、震災やさまざまな災害など、大きな出来事があると、一時的にモノ不足になることはありますが、普段なら、食料品でも衣料品でもなんでも、お金さえ出せば買うことができます。

そう、お金さえ出せば……ですよね。

こんなにモノがあふれて、ときには余ってさえいることもあるというのに……。

実際、お金がないばかりに今日食べるものにすら困る人がいれば、空き家だって社会問題になるほどたくさんあるのに、住む場所がなくて路上で寝ている人もいる。なんだかおかしな話ですけれど、お金がないとどうしようもないのが、いまの社会の現実でもあるということです。

ことわざのひとつに、「金は天下のまわりもの」というのがあります。知っていますか？　辞書を引くと、「金銭は一人の所にとどまってはいない。貧富は固定したものではない」(『広辞苑　第六版』)とあります。つまり、「お金は人から人へまわってゆくものだから、たとえいまは貧しくても、そのうちあなたのところにも必ずお金はまわってきます。だからがんばろうね」ということですね。

基本的には、貧しくて困っている人を励ます言葉として使われることが多いようですが、「いまは豊かでも、貧しくなることもあるよ。あまり調子に乗っちゃだめだよ」という、戒めの意味で使われることもあると解説している人もいます。

いずれにしても、貧富の差は固定的なものではないから、あきらめたりおごり高ぶったりせず、ちゃんと真面目に働こうということなのですが、世の中を見ていると、「ホントですか？」と言いたくなる場面がたくさん目に入ります。

実際、国際的な統計では、日本の貧富の差はどんどん広がっていると報告されています。

「相対的貧困率」という言葉を聞いたことはあるでしょうか。ＯＥＣＤ(経済協力開発機構)では、「等価可処分所得(世帯の可処分所得を世帯人員の平方根で割って調整した所得)の中央値の半分に満たない世帯員の割合を示す」としています。もっとわかりやすく言うと、人を年収(この場合は「実際に自分で使えるお金=可処分所得」)の順にズラッと並べたとき、一番真ん中に来る人の収入(中央値)の、半分に満たない人がどれくらいの割合なのかを言います。

例えば、中央値が二五四万円なら、その半分の一二七万円以下の人が、相対的貧困層にいることになります(実際の統計では、単身者は一二七万円以下、二人世帯なら一八〇万円以下、三人世帯なら二二四万円以下、四人世帯なら二五四万円以下という具合に、世帯単位で計算された基準値を使うそうです)。

二〇〇九年の日本の相対的貧困率は一六・〇パーセント。OECD加盟国(三四カ国)の中では、イスラエル(二〇・九パーセント)、メキシコ(二〇・四パーセント)、トルコ(一九・三パーセント)、チリ(一八パーセント)、アメリカ(一七・四パーセント)に次いで世界で六番目に高い数字であるばかりでなく、OECDの平均一一・三パーセントを大きく上回っていました。同時に子どもの貧困率も年々上昇しています。厚生労働省の平成二五年の調査によると相対的貧困率(一六・一パーセント)、子どもの貧困率(一六・三

表1　貧困率の年次推移

	相対的貧困率(%)	子どもの貧困率(%)	子どもがいる現役世帯(%)	大人が1人	大人が2人以上
1985年(昭和60年)	12.0	10.9	10.3	54.5	9.6
1988年(昭和63年)	13.2	12.9	11.9	51.4	11.1
1991年(平成3年)	13.5	12.8	11.7	50.1	10.8
1994年(平成6年)	13.7	12.1	11.2	53.2	10.2
1997年(平成9年)	14.6	13.4	12.2	63.1	10.8
2000年(平成12年)	15.3	14.5	13.1	58.2	11.5
2003年(平成15年)	14.9	13.7	12.5	58.7	10.5
2006年(平成18年)	15.7	14.2	12.2	54.3	10.2
2009年(平成21年)	16.0	15.7	14.6	50.8	12.7
2012年(平成24年)	16.1	16.3	15.1	54.6	12.4

・厚生労働省「平成25年　国民生活基礎調査」をもとに作成
・大人とは18歳以上の者，子どもとは17歳以下の者をいい，現役世帯とは世帯主が18歳以上65歳未満の世帯をいう．

パーセント)はともに過去最高を更新しました(表1)。

表1からもわかりますが日本の特徴は、一人親家庭の相対的貧困率の高さです。なかでも母子家庭だけを抽出すると、五〇パーセント以上が貧困ラインを超えます。つまり日本では女性のほうが、一人親世帯になったときに、生活困難者になりやすい構造になっていると

いうことです。

母子家庭の貧困率をみると、仕事を持っていても貧困率が高いという日本特有の状況が浮かび上がってきます。実際、母子家庭の就労率は、八五パーセントと高いにもかかわらず、その約七割にあたる家庭の年間収入が二〇〇万円未満という政府の調査結果があります。

こうした背景には、「仕事と生活の調和が不十分な現状において、女性は育児や介護などで就業を中断しやすい」こと、税制や社会保障制度とのかねあいで、女性は「相対的に低収入で不安定な非正規雇用につきやすい就業構造がある」こと、さらにそうした働き方の積み重ねとして「女性の年金水準は低く、高齢期の経済基盤が弱い」といった問題点があるとされています(内閣府男女共同参画局『平成二二年版 男女共同参画白書』)。

拙著『正しいパンツのたたみ方』でも、「経済的自立の大事さ」や「働くことの意味」についてくわしく書きましたが、本書をきっかけに、さらにじっくりその二点について考えてほしいと思います。自分の生活を支えていく糧をどうするのかを……。

話を進めましょう。内閣府による『子ども・若者白書(平成二六年版)』によると、「経済的理由により就学困難と認められ、就学援助を受けている小学生・中学生は平成二四年には一五五万人で、平成七年度の調査開始以降初めて減少したが、その主な原因は子どもの数全体の減少によるものである。就学援助率は、この一〇年間で上昇を続けており、平成二四年度には過去最高の一五・六四パーセントとなっている」とあります。こういった現実や前述した子どもの貧困率の上昇等を受けて、政府も動き出しました。今夏(二〇一四年)には、「子どもの貧困対策大綱」を策定し、さまざまな支援に乗り出すそうです。

「世界にはもっともっと貧しい人たちがいる!」という声を聞くこともあります。それはその通りです。一方で、同じ日本の中で、働いても働いても「ゆとりを持って生活することができない人たち」がこんなにたくさんいるのは、やっぱりおかしいという意見もあります。それもその通りです。

だから思うんですよね。本当にお金は天下をまわっているのだろうかと。

生活を支える「見えるお金」と「見えないお金」

ふつう「自分のお金」といえば、預貯金を含めて、「自分が自由に使えるお金」のことです。先ほど出てきた「可処分所得」ですね。僕たちは、家賃や光熱費を払ったり、食費に使ったり、塾のお金を払ったり、ときには映画やコンサートに行ったりなど、日々の生活に必要なお金を、この可処分所得で賄《まかな》っています。

では、「自分の生活を支えているものは、自分の可処分所得である」と考えたらいいのでしょうか？　つい、そんなふうに考えがちなのですが、実はまったくそんなことはありません。可処分所得は、実際に手元にあって「見えるお金」なのでわかりやすいのですが、僕たちの生活の一番基礎となる部分を支えている「見えないお金」があるのです。さて、ここで問題です。その見えないお金とは何でしょう？

ここがいつもの教室なら、生徒たちは「えーっ、なんやろう？」と、ワイワイ騒ぎながらいろいろと答えてくれそうです。あなたは何だと思いますか？

「見えないお金」というのは、「見えるお金」が使える「環境」のことです。「社会」とか「国」と言い換えてもいいでしょう。

「見えるお金」である通貨を、交換の手段として安心して使うためには、その社会が安定していることが絶対条件になります。そして、社会を安定させるためには、莫大《ばくだい》な費用がかかります。それは、みんなで出し合っているお金なのですが、規模が大きすぎて、自分もその一部を負担しているという実感は持ちにくく、個人にとっては「見えないお金」になってしまいます。

諸説あるようですが、たとえば、一万円をつくるのに必要なコストは「約一六円」だそうです。モノとしては一六円の値打ちしかないものが、一万円として通用するのは、それを発行している「国」というものに対する信用があるからですね。「国」の信用がなくなれば、その国が発行しているお金はすべて「紙くず」になってしまいます。

お金が「紙くず」になってしまうなんて、ちょっと想像しにくいかもしれません。でも、通貨を発行している「国」を「デパート」に、「お金」を「商品券」に例えるとわかりやすいと思います。商品券はそのデパートに行けば「お金」と同じように使えますが、商品券に値打ちがあるのは、デパートがちゃんと営業できている間だけです。デパートが「倒産」してしまったら、そのデパートの商品券を何百万円分持っていても、それこそ紙くずというか、おもちゃのお金となんら変わらなくなってしまいます。

「見えないお金」に支えられている「見えるお金」

話をものすごく単純化すると、僕たちは、働いて稼いだら、まずは自分たちの暮らしている環境を整えるためのお金を出し合い、社会全体を安定させたのち、残ったお金をそれぞれの自由裁量で使っていると言い換えることができます。

ここでいう「見えないお金」の代表は、税金や社会保障のお金などですが、「可処分所得」から払っている電気代やガス代、水道代、それから電車賃や高速道路の料金なども、見えるお金でありながら、社会を維持・安定させるために、ものすごく重要であることもわかります。それらは公共料金と呼ばれています。民間企業が経営していても、「公共料金」なんですね。

身の回りの公共サービス・公共施設

「各家庭に水道やガスや電気が引かれ、下水道が整備され、ごみを出せば適切に処理してくれる。学校があり、どこへ行くにも道路や鉄道が整っていて、火事になれば消防車が来てくれるし、交番では警察官が地域を見守ってくれている」などというシステムは、とても個人の力ではつくれません。このように、生活の基本を成立させてくれるもの(社会インフラ)が整っているということが、毎日を安心して暮らしてゆくための大前提です。そして、その多くは「見えないお金」によって維持されています。

国税庁や各地の国税局のホームページには、そういった社会インフラ、つまり民間の会社では生み出しにくい公共サービスや公共施設にどの程度の費用がかかっているのかがわかりやすく例示されています。

例えば、警察・消防費は総額五兆五五八億円で、国民一人当たりに換算すると約三万九五〇〇円かかっていて、ごみ処理費用は総額二兆九三七億円なので、一人当たりだと約一万六三〇〇円になるということです。また国民医療費の公費負担額は総額一四兆八〇七九億円で国民一人当たり約一一万五八六九円になるそうです(いずれも平成二三年度時)。

信号機は一基当たり二四〇万円~四七〇万円かかるようですが、全国で約一九万基あるといいます。もし税金の補助がなければ、救急車に乗るのに、一回当たり四万~五万円払うことになるという試算もあります。

もっと深く考えれば、食べるものも着るものも住む場所も、いろんな人がつくってくれるからこそ存在するわけで、つくる人が誰もいなければ、いくらお金を持っていても手に入れることはできません。その意味では、一人ひとりの労働こそが社会の宝物であって、お互いの「ご苦労さま」をうまく分け合うことによってそれぞれの生活を営んでいると言えます。その分け合う手段として「お金」が使われているということなんですね。だから、何らかの理由で、例えばクーデターが起こったり、経済が行き詰まったりして、国が傾いて社会が不安定になり、「みんなで分け合う」という原則が崩れると、お金の価値はなくなって、紙くずになってしまいます。

「見えないお金」が社会を支えてくれるからこそ、「見えるお金」で買い物を楽しむこともできるということなんですね。「給料明細」を見ると、「見えないお金」が少し「見える」ようになってきます。みなさんは給料明細を見たことがありますか?

給料明細から見えてくる社会

日本では、現在、給料をもらって生活する、いわゆるサラリーマンという職業形態の人が大勢います。給料明細には、基本給や通勤手当などのほか、税金や社会保障の額なども書かれています。給料明細からは、社会の基本となる「考え方」が見えてきます。

表2は給料明細の例です。実際には、勤めている会社や住んでいる地域によって、手当や税率などいろいろ違いがありますが、表をもとに簡単に説明したいと思います。

表2　給料明細の例

番号　123456789　氏名○○○○					差引支給額　205,409円		
基本給	役員手当	調整手当	残業手当	扶養手当	住居手当	通勤手当	総支給額
185,260	0	18,600	15,500	0	20,000	18,050	257,410
健康保険	厚生年金	雇用保険	介護保険	所得税	住民税	組合費	控除額
9,178	18,256	1,287	0	6,080	15,200	2,000	52,001

「基本給」というのは、給料のベースになる金額のことです。年齢や勤務年数、役職などによって決まってきます。「調整手当」というのは、設けられている会社も設けられていない会社もありますが、給料支払いの調整に使われることが多く、例えば、ボーナスの計算をするときに調整手当を含むか含まないかなど、会社によって異なります。

「残業手当」は、時間外手当ともいい、勤務時間ではない時間に働いた分の給料です。働いた時間帯や曜日などによって、基本給の一・二五倍、または一・五倍支払われなければならないことが法律で決まっています。

「扶養手当」・「住居手当」・「通勤手当」は、会社によって設けられている場合も設けられていない場合もありますので、金額などは会社によって全く異なります。扶養手当は収入のない家族を養っている場合などに支払われる手当で、住居手当は主に賃貸住宅を借りているときの家賃補助、そして通勤手当は通勤にかかる交通費ですね。

支給額の合計である「総支給額」の欄を見ると二五万七四一〇円となっています。でも、一番上の「差引支給額」の欄には二〇万五四〇九円と書かれています。実際にもらえるのは差引支給額なので、五万円以上減っていることになります。それが、「控除額」と書かれている金額です。

控除額とは、初めから引かれている金額という意味で、一般には「天引き」と呼ばれることが多いものです。この人の場合は、「健康保険料」、「厚生年金保険料」、「雇用保険料」、「介護保険料」、「所得税」、「住民税」と「組合費」が「天引き」されています。これらが「見えないお金」です。社会を支えるためにみんなで出し合っている、いわば「会費」です。

健康保険料は、主に医療費の補助に使われます。病気などでお医者さんにかかったとき、保険証を見せれば、実際にかかったお金の三割(年齢によっては二割)だけ病院等の窓口で支払えばいいことになっているのはみなさんも知っていると思います。高額療養費制度といって、ひと月に一定額以上の医療費がかかったとき払い戻してもらうこともできます。何かあったときにも安心できます。

厚生年金は、厚生年金保険法にもとづいて、主に民間企業の労働者が加入する公的年金制度です。掛け金を払い続けることで、将来、年金を受け取る権利が得られると同時に、現在、年金を受け取っている人たちに支払う財源としても使われています。超少子・高齢社会を迎え、将来、年金を掛け続けてきた人たちに払い続けていけるかどうか、年金財政を心配する声も聞かれますが、しかし年金制度をなくしてしまったら生活に困る高齢者が大量に増え、国自体が安定を失うことになります。常に見直しながら、より良い制度とするための努力が必要です。

雇用保険は、会社が倒産したり、リストラされて職を失ったり、あるいは病気やけがをして働けなくなった場合や教育訓練を受けたい人たちに、落ち着いて次の仕事を探したり、ステップアップの機会をつくったり、しっかり回復に努められるよう、一定期間失業給付をする制度です。それ以外にも、この制度は育児休業給付や介護休業給付などさまざまな事業も行っていて、労働者を支援しています。

所得税は国に納める税金で、収入額に応じて金額が決められています。住民税は自分が住んでいる自治体に納める税金で、前年の収入に対して課税されます。仕事をやめて収入がなくなっても、前の年に収入があれば課税されるので、ちょっと注意しておいたほうがいいかもしれません。

この人の場合は組合費として二〇〇〇円控除されています。組合とは、一般に労働組合のことで、経営者側と労働者側が対等な立場で賃金や労働時間など労働条件について話し合えるようにつくられた団体です。労働者が団結し、経営者側と団体交渉を行い、ストライキなどの団体行動をする権利は憲法二八条で保障されています。職場によってある場合もない場合もありますし、全員が加入義務を負うという職場もあります。職場に労働組合がない場合は、個人で加入することができる労働組合もあります。

自分が汗水流して稼いだお金なのに、保険料だ税金だといって、こんなにしっかり「持って行かれてしまうのか」と、ちょっと驚いた人がいるかもしれません。でも、これらに加えて「消費税」もあります。消費税も社会を支える「見えないお金」のひとつです。消費税は他の「見えないお金」と違って、「お金を使う」ことにかかる税金です。中高生の皆さんも、小遣いを使うたびに、社会を支える手助けをしているというわけです。

この本を書いている時点の消費税は八パーセントですが、あなたが読んでいる今は何パーセントになっているでしょうか？　まさか……？　ちょっと聞くのが恐い気もします(二〇一四年一一月一九日、安倍晋三首相は、二〇一五年一〇月に予定していた消費税率一〇パーセントへの引き上げを二〇一七年四月に先送りする意向を表明しました。同時に消費税の増税の再延期はしないとも明言しました)。

給料明細を見てみると、とても複雑な制度のように見えますが、大きな目で見ると、「みんなで社会を支えてゆこう、困ったときには助け合おう」という考え方のもとに、みんなでお金を分担し合っているのだということがわかります。これを「相互扶助の精神」といいます。

二〇〇〇年には介護保険もスタートしました。現在は四〇歳以上の人だけが保険料を払うことになっているので、若い人たちにはなじみがないかもしれませんが、介護が必要になった人をみんなで支えようという精神が新しく一つの形になったということです。

自分の住んでいる社会が、お互いを支え合おうという意識で満ちていれば、一人ひとりは安心して生活できるし、将来に対しても希望を持つことができます。人生で何か困ったことが起きても、社会が必ず支えてくれるという安心感があれば、思い切った活動を始めることもできるし、自己中心的にならないように振る舞うことも可能です。

給料明細から見えてくるのは、そういう社会の精神、考え方なのですが、どうも現実は少し違う部分もあるようです。

ライフスタイルを選ぶ

最近、よく「ライフスタイル」という言葉を耳にします。「私のライフスタイル」などというと、自分で選んで決めた暮らし方というイメージです。そして、どんなライフスタイルであれ、それは誰でも自由に選べるもののように言われたりします。例えば、インテリア雑誌などで「私のライフスタイル」と紹介される場合、それはその人の好みのものに囲まれた部屋のことだったりします。でも、「人生」として考えるとどうでしょう。自由にすべて選べるものではないことが、ここまでの説明でもわかってもらえるのではないでしょうか。つまり、どんな制度の国に生きているかということが、まず大前提だということです。私たちは、ついそれを忘れがちなんですね。

例えば、福祉国家として有名なスウェーデンでは、税金が非常に高く、社会保険料と税金などを合わせた「国民負担率」は約六〇パーセントにもなります（日本は四〇パーセント弱）。しかし、その分、福祉や教育の予算にまわされる金額は多く、医療費や授業料などは基本的に無料です。そのため、個人が病気やけが、子育てのために貯金をするという習慣はなく、一時は進み始めた少子化もかなり回復してきています。

スウェーデンもすべてがうまくいっているわけではないようですが、少なくとも将来に不安を持っている人は少ないようで、幸福度ランキングなどが発表されると必ず上位に顔を出します。日本は「幸福」と感じている人が非常に少なく、逆に、高校生が「将来、年金がもらえるかどうか心配だ」などと言っているのを耳にすることがあるくらいです。スウェーデンの人にはちょっと信じられない話かもしれません。

スウェーデンもそうですが、その他にもフィンランド、ノルウェー、デンマークなど大学までの学費は無料だという国は結構多いのです。しかも高校までなら授業料は無料だという国が大半です。日本ではお金がなくて高校進学をあきらめたり、中退してゆく子どもたちが少なからずいますが、それは日本が数少ない高校授業料「有料」の国のひとつだからなんですね。

これには理由があって、一九六六年に国連で採択された「国際人権規約」の中に、各国は「学費無償化に向けて努力する」ようにと書かれてあり、多くの国が学費を無料にするための努力を重ねてきた結果なのです。日本も、一九七九年にこの社会権規約を批准したのですが、そのとき、学費無料化を定めた部分は留保する(守らない)としてしまいました。学費無償化を留保すると宣言した国は、先進国の中では日本だけだったのです。

それでも二〇一四年の四月に施行された「公立高等学校に係る授業料の不徴収及び高等学校等就学支援金の支給に関する一部を改正する法律」によってようやく「家庭の経済的状況にかかわらず、学びたい意志のある高校生が安心して学べる環境をつくるため、高等学校等就学支援金を支給し、家庭の教育費負担を軽減する制度」を国は設けました。これには私立高等学校教育にかかる経済的軽減も含まれていました。

表3　学校種別の学習費総額

単位：円.（　）は公立を1としたときの比率

区分		学習費総額	うち学校教育費	うち学校給食費	うち学校外活動費
幼稚園	公立	**230,100**(1)	131,624(1)	17,920(1)	80,556(1)
	私立	**487,427**(2.1)	340,464(2.6)	26,891(1.5)	120,072(1.5)
小学校	公立	**305,807**(1)	55,197(1)	42,035(1)	208,575(1)
	私立	**1,422,357**(4.7)	822,467(14.9)	40,229(1.0)	559,661(2.7)
中学校	公立	**450,340**(1)	131,534(1)	36,114(1)	282,692(1)
	私立	**1,295,156**(2.9)	997,526(7.6)	3,380(0.1)	294,250(1.0)
高等学校（全日制）	公立	**386,439**(1)	230,837(1)	……	155,602(1)
	私立	**966,816**(2.5)	722,212(3.1)	……	244,604(1.6)

・文部科学省「平成24年度　子どもの学習費調査」をもとに作成
・平成24年度の年額である.

学費が無料の国では、大学までの教育費の個人負担がほとんど無いので、子育てにお金がかかるという意識は生まれません。その一方で、日本は「世界一学費の高い国」だと言われていて、大学まで行くとすると、子ども一人分の学費が一千万円とか二千万円などという試算を目にします。

文部科学省の「平成二四年度　子どもの学習費調査」によると、幼稚園(三歳)から高等学校第三学年までの一五年間について、各学年ごとの学習費総額を単純合計すると、すべて公立に通った場合で約五〇〇万円、すべて私立に通った場合は約一六七七万円という数字が算出されています。表3の「学校種別の学習費総額」を見てもそれは明らかです。

保育の授業などをしていると、「私、子どもいっぱい産むねん」とか「五人は欲しいな」などという声を耳にすることがありますが、すかさず、「私も子ども好きやから、できたらいっぱい産みたいけど、そんなん無理やん。そんな稼がれへん」というツッコミが入ります。日本の場合、高校生でさえ、「子育てにお金がかかる」というのが「常識」として身についているんですね。

教育にかかわる制度だけではなく、国によっていろんな制度に違いがあります。国の制度の違いというのは、結局、「見えないお金」である税金や社会保障費を何に使うかの違いということです。みんなからたくさんお金を集めて社会全体をしっかり整備してゆくのがいいのか、集めるお金は少なくして、個人で自由に使えるお金を保証するのがいいのか、どちらがいいのかは結論が出ていないし、永遠に結論なんて出ないことかもしれません。でも、自分の暮らす社会のあり方が、自分のライフスタイルを大きく制限してしまうことだけは間違いありません。社会は僕たちが出し合っている「見えないお金」で支えられているのですから、少なくとも、どんな社会に暮らしたいのかという意見は、さまざまな機会をとらえてしっかり表明する必要があります。

日本では、政治に関心を持つ若者が少ないと言われていますが、「お金を払っているのに何を売られても文句を言わない消費者」ほど、売り手にとって「おいしいお客」はいません。もっともっと関心を持って、できたら意見を言ってはどうでしょう。選挙に行くのも手でしょうし、行政がいろんな機会に公開で説明会を開いている場合もあります。「市長への手紙」という形で住民の声を聞こうとしている自治体もあります。

実際に行動にうつすことで、自分が選べるライフスタイルの幅がずいぶん広がることもあるでしょう。僕たちは案外、自分で選んでいると思いながら、実はうまく選ばされているのかもしれません。

コラム❷ ワークライフバランス

日本には働き過ぎの人が多いようです。働き過ぎて体を壊したり、過労死してしまう人、生活にゆとりがなかったり、子育てに関わりたくても関われないという人(男性に多いようですが)も大勢いるのではないでしょうか。そこで政府が中心になって「ワーク・ライフ・バランスを改善しよう」という呼びかけをしています。「ワーク・ライフ・バランス」という言葉を聞いたことがありますか? 意味はわかるでしょうか?

政府は「仕事と生活の調和(ワーク・ライフ・バランス)憲章」を策定し、積極的に取り組むとともに、「仕事と生活の調和と経済成長は車の両輪であり、若者が経済的に自立し、性や年齢などにかかわらず誰もが意欲と能力を発揮して労働市場に参加することは、我が国の活力と成長力を高め、ひいては、少子化の流れを変え、持続可能な社会の実現にも資することとなる」(内閣府HP)として、労働者や経営者双方に働きかけています。

しかし、政府の話を聞いていると、どうも、「ワーク」とは賃金を得る「仕事」で、「ライフ」は「仕事以外の部分」、「バランス」はそれぞれの「時間的なバランス」を表しているようで、要するに「長時間労働をしている人は少しでも労働時間を減らしましょう」ということのように聞こえます。

政府の理屈で言うと、失業者やたくさん働きたくても短時間のアルバイトしかない人などに、働く機会を設ける政策も積極的につくる必要があると思うのですが、それが「ワーク・ライフ・バランス」のキャンペーンの中で行われている様子はどうやらなさそうです。

僕は家庭科の授業の中で、「ワーク」には二種類あると教えています。ひとつは、会社などでの、働けば賃金が得られる「ペイドワーク」で、もうひとつは、家庭で行われる家事、育児など、働いても賃金が得られない「アンペイドワーク」です、と。だから、ワークライフバランスの話を聞いたとき、「ワーク」がお金になるペイドワークの意味でだけ使われ、「ライフ」の中にお金にならないアンペイドワークが当然のような顔をして含まれていることを知って愕然《がくぜん》としました。

働き過ぎで過労死したり体を壊したりする人は、一人でも減ってほしいと思いますから、キャンペーンをすること自体には賛成なのですが、ワークとライフという言葉を、こんなふうに限定して使っていいものなのかという違和感を覚えたのです。

ここで、みなさんにひとつ質問です。

質問① ワークライフバランスを考えるとき、「ボランティア」はワークに入れるべきでしょうか？　それともライフに入れるべきでしょうか？

難しいですか？　この質問はおとなでも難しかったようで、先日、市民向けの講演会のとき、会場の人たちに質問したら、見事に意見が分かれました。そのときはどちらかというと「ライフ」派が少し多かったです。

ボランティアは基本的に収入になりません。何らかの報酬があったとしても、それで生活費が賄えることはありません。生活できるくらい稼げれば、それは職業労働であって、だれもボランティアとは呼びませんものね。でも、だからといって、ボランティアは「ライフ」に入れるべきものなのでしょうか？

また、政府が言うように、「ワーク」＝「職業労働」なら、ワークライフバランスは働いて収入を得ている人たちだけの問題で、「学生」や「専業主婦」、「高齢者」や「失業者」などにはなんの関わりもない言葉ということになります。職業労働に就いていない人でも、例えば、家事や育児や介護などで疲れ果てている人も大勢います。

そんなことを考えているうちに、僕なりの「ワーク」と「ライフ」の解釈が浮かんできました。そして、考えれば考えるほど、そのバランスを意識することが、どんな立場の人にとっても大切なことだと思えてきたのです。

■南野流「ワークライフバランス」の考え方

ワーク＝社会的な活動の時間　⇓　自分以外の誰かのために使う時間

　　　　　　　　　　　　　　⇓　他人に役に立つことをしている時間

ライフ＝個人的な活動の時間　⇓　自分のためだけに使う時間

　　　　　　　　　　　　　　⇓　他人の役に立たないことをしている時間

基本的に、職業労働というものは、世の中で必要とされているから成立していると見ることができます。たとえ、個人的な感覚としては「給料のために働いている」ということになっていても、何らかの形で「世の中の役に立つことをしている」からこそ、社会の中で存続していると考えられるからです。そう考えると、家事、育児やボランティアも、お金になるかならないかは別として、「誰かのために自分の時間を使っている」のですから、当然「世の中の役に立っている」わけで、その点では職業労働と同じです。ですから、僕の解釈ではどちらも「ワーク」になります。

「ライフ」は、基本的に「他人の役に立たない時間」です。自分のためだけに使う時間。ボーッとしている時間も、趣味に没頭している時間も、ひたすら食べている時間も、人生の大切な時間です。豊かな人生を生きてゆくためには、そんな時間も必要です。

この「誰かのために使う時間」と「自分のためだけに使う時間」のバランスが取れていることは、誰にとっても大切なことだと思うのです。僕は、これを「ワークライフバランス」と考え、そのバランスがうまく取れているかを意識しよう、というキャンペーンにしたらいいのではないかと思うのです。

例えば「オレオレ詐欺《さぎ》」は間違いなく犯罪行為ですが、詐欺という労働によってお金を得ていると考えれば、従来の解釈では「ワーク」になってしまいます。でも、「誰かのためになっているか」というと、誰のためにもならないばかりか、迷惑行為以外の何物でもありませんよね。人を利用して「自分の利益」だけを追求しているわけですから、南野流解釈では当然「ライフ」に分類されます。

「オレオレ詐欺」や「悪質商法」ならわかりやすいですが、いろいろな商売や取引の現場で、やっていることの意味に首をかしげたくなるようなこともよくあります。政治家が私利私欲《しりしよく》のために政治を利用すれば「ライフ」だし、市民や国民の代理としてよりよい世の中を実現するために働いていれば「ワーク」です。問題は、仕事や職業の「形」ではなく「中身」だということです。

自分のやっていることが、「これは誰かの役に立つこと」なのか、それとも、「自分の利益を優先しているだけ」なのかと自問することには大きな意味があります。最近は、「企業の社会的責任」ということもよく言われるようになってきました。人生で迷ったとき、新しい「ワークライフバランス」の考え方は、「ぶれないための道しるべ」になるのではないかと思います。

「ワークライフバランス」の新解釈は、人間の「幸福感」に関しても、新しい見方、ぶれない指針を示してくれます。

ここでまた質問です。

質問② あなたが「一番幸せを感じる」のは、どんなときですか？

南野流ワークライフバランスの考え方からゆくと、「幸福」は二種類に分けることができます。「個人的な幸福」と「社会的な幸福」です。ちょっと無理やり気味ですが、「ライフ的幸福」と「ワーク的幸福」と名付けましょう。

「大好きなものに囲まれているとき」とか、「ケーキを食べているとき」とか、「妄想《もうそう》の世界に浸っているとき」など、幸福を感じる人は多いでしょう。でも、いくら大好きなケーキでも、「一日三食一〇年間」なんてことになったらどうですか？ それはほとんどの人にとって拷問《ごうもん》以外の何物でもありません。

「ライフ的幸福」は、「めったにかなわないことが実現した」ときなどに感じる幸福感で、必要以上に長く続くと幸せでなくなったり、逆に苦痛になってくる種類の幸福です。

一方、「相手に感謝されて嬉しい」とか「役立っているので充実感が持てる」などというのは、社会的な関係の中で得られる幸福感です。これは、人との関係の中で初めて得られる幸福感ですが、この「ワーク的幸福感」は、「一日三回一〇年間」続いても苦痛にはなりません。苦痛どころか、それはなんと幸せな人生なんだろうと思えてきます。

「感謝されること」「認められること」は、間違いなく生きる喜びの根源のひとつです。でも、そればかりでは疲れ切ってしまいます。下手をすると、燃え尽き症候群や過労死につながりかねません。人間には自分のための時間も必要です。自分のための時間がきちんと確保されている、だから、また誰かのために頑張れる。ワークライフバランスを取ることはとても重要なことなのです。

病気で寝たきりになったり、つらいことがあって引きこもらずにはいられない状態になってしまったりしたときの「辛さ」のひとつに、「役に立っていない感」があるのは間違いないだろうと思います。親が子を思い、子が親を思うように、恋人同士が相手のことを思うように、「その人が存在すること」自体が誰かの役に立っていることも多いのですが、そのような状況になれば、なかなか自分ではそんなふうに考えられません。自分の中の感覚として、バランスが「ライフ」側に極端に偏ってしまっているのですね。でも、どんな状態になろうと、その時の自分にできる「ワーク」を見つけ、「誰かのために少しでも」と精一杯努力している人はたくさんいます。僕たちはそんな人を見ると感心したり感動したりします。自分もそんなふうになりたいと考えます。

世の中の多くの人たちが、「ワーク」と「ライフ」をこんなふうに考えるようになったら、「お金」にとらわれない働き方をする人がもっと増えてくるかもしれません。もしかしたら、「働く」ということの意味さえ変わってくるかもしれません。ちょっと夢物語のようですか？

でも、市民講座のおとなたちの中には、この新しい「ワークライフバランス」の考え方を聞いて、「明日からの働き方を考えたい」という感想を言ってくれた人がたくさんいたんですよ。

3時間目

「賢い消費者」ってなんだろう？

消費者ってなに？

授業で生徒たちに、「消費者って誰のことですか？」とたずねると、たいてい、「お金を出してモノを買う人のことやろ。それぐらい知ってるで」という返事が返ってきます。でも、この「消費者」という言葉、きちんと説明するのは意外と難しいのです。

たとえば、あなたが近所の駄菓子屋さんでアイスクリームを買って食べたとします。あなたは間違いなくそのアイスクリームの消費者です。では、アイスクリームを売ってくれた駄菓子屋さんはどういう立場になるでしょう。

駄菓子屋さんが「自分でアイスクリームをつくっている」のであれば、「製造者兼販売者」ですが、たいていは違います。多くの駄菓子屋さんは、アイスクリームをどこかから仕入れているからです。つまり、駄菓子屋さんも「お金を出してモノを買っている」のです。さきほどの生徒の発言にしたがうと、駄菓子屋さんもお金を出してモノを買っている「消費者」ということになってしまいますが、それでいいでしょうか？

消費者というのは、文字通り「消費する人」すなわち「最終ユーザー」のことです。辞書には、「商品・サービスを消費する人」と書いてあります。では、「消費」の説明はどうなっているかというと、「金銭、物質、エネルギー、時間などを使ってなくすこと」とあります。つまり、「消費者」とは、「買う人」ではなく「使ってしまう人」だということです。

ですから、アイスクリームを買ってきても自分では食べない駄菓子屋さんは、「消費者」ではなく「販売者」になります。そして、アイスクリームをつくっている会社は「生産者」。生産者と販売者のあいだに「卸業者」、つまり問屋さんなどが入ることもあります。

でも、アイスクリームの生産者も、原料である牛乳や砂糖、パッケージ用の紙やプラスチック製品を「自分で使う」ために仕入れています。これはどうなるでしょう。

原料や包装材料は、最終的に「消費者」のところに届くので、この場合、会社は「一時的に使っている」ということで、「使用者」と呼ぶようです。ところが、アイスクリームをつくる機械やつくるときの電気代、衛生管理を目的に使われる作業服やマスク、消毒液などは会社で「使ってしまう」ものですから、そういう意味では、会社も「消費者」という一面を持っていることになります。

結局、「生産者」でありながら「消費者」であるケースも多く、立場、立場で役割は入れ替わり、それほどはっきり分けられるものではないのです。

「ひとりの人間」という立場から見れば、「誰もが消費者であり、同時に消費者の多くは生産者でもある」という言い方が一番正確だと言えるでしょう。また、企業や工場、お店なども同様な定義ができます。

つまり、モノをつくったり販売している人も、必ず「消費者」という側面を持っているということです。自分も消費者なのだから、自分がつくったり売ったりしているものが、消費者にとって最良のものであるようにと考えたり、またそのために最大限の努力をしたりしてもよさそうなものです。が、現実社会でおこっていることを見ていると、そうでもない場合も多々あるようです。

なかには、自分たちの「利益」を最優先にするあまり、消費者や環境を犠牲にしてもいいと考えているのではないかと思われるひどい人たちもいます。例えば食品や食材を偽装したり、開発中の治療薬の研究データをごまかして薬を製造・販売してしまったり等、安全性や人の命を後回しにするといった、気が塞《ふさ》いでしまうようなニュースも残念ながらよく目にします。彼らは、自分たちだけ儲《もう》かればいいとでも考えているのかと疑いたくなります。

少し古い話になりますが、企業が消費者にお金を使わせるために、どんな作戦を立てるのかがわかるいい例があります。有名な話なので知っている人もいるかもしれません。日本で売り上げトップの広告代理店である電通が、一九七〇年代に「戦略十訓」として提唱していたものです。いわば、CMをつくるときの「心構え」みたいなものでしょうか。

1　もっと使わせろ
2　捨てさせろ
3　無駄使いをさせろ
4　季節を忘れさせろ

5　贈り物をさせろ
6　組み合わせで買わせろ
7　きっかけを投じろ
8　流行遅れにさせろ
9　気安く買わせろ
10　混乱をつくり出せ

「戦略十訓」のアイデアは、ヴァンス・パッカードの『浪費をつくり出す人々』（南博・石川弘義訳／ダイヤモンド社／一九六一年）から取られていると言われます。「浪費」を「つくる」というのが、なかなか刺激的なタイトルですが、調べてみると「戦略十訓」はとてもよく似ています。というか、ほとんど一緒です。そして、この十訓は今でも広告業界で十分通用しています。いや、むしろ使い倒されているといったほうがいいかもしれません。

1から10までの項目を頭に入れながらテレビのCMなどを見ていると、「これは1番だな」とか「これは5番か」「8番と9番の組み合わせが相変わらず多いな」など、つくっている側の考えていることがわかってきて、CMを見る楽しみが増えます。自由研究の課題に困ったら、「CM研究～私たちはいかに買わされているか」なんてどうでしょう？　なかなかおもしろいと思いますよ。えっ、あなたの学校では自由研究があるのは理科だけなんですか？　それは残念！　家庭科なら「自由研究のネタ」は無尽蔵にあるんですけどねぇ。

授業でやるなら、実際のCMを生徒たちと一緒に見比べながら、ひとつひとつ検討してみたいところです。でも、今回は残念ながら紙面の都合上そうもいきません。どんなふうに伝えたらいいかなあと考えながら、ヒントを求めて本を読んだりインターネットで検索していると、おもしろいことを書いている人を見つけました。「これ(十訓)が向こう(売る側)の戦略なら、こっち(買う側)はこの逆のことをやればいいだけだ」というのです。たしかに、その通りかもしれません。つまり「反・戦略十訓」ですね。どんなことになるか、インターネットの記述を参考にしながら僕も考えてみました。

①　買いものは、必要最小限で済ませよう
②　買ったものは、できる限り使い続けよう
③　要らないものは買わないでおこう
④　季節に合わせた生活をしよう
⑤　贈り物をやめよう（欲しくもないものをやり取りしているだけかも）
⑥　単品で買おう（抱き合わせで要らないものまで買わされているかも）
⑦　調子に乗せられないようにしよう
⑧　流行に乗りたいか考えよう
⑨　買う前によく考えよう
⑩　落ち着け！　本当に必要なものか確かめよう

僕なりに整理し、まとめてみると、このような感じになるでしょうか。

買いものをするときにいつもこういう行動が取れればバッチリです。そしたら無駄遣いなんて絶対にしないだろうと思います。僕たちは、こんなふうに行動できる人たちを、

「賢い消費者」と呼ぶことにしました。要するに「よく考えてからモノを買う人」のことですね。

でも、「戦略十訓」が提唱されたのは一九七〇年代。日本は安定成長の時代を迎え、山陽新幹線が開通し、成田空港が開港する一方、二度にわたる石油危機にも見舞われていました。それでも、社会はまだ「エコロジーの視点」を獲得していませんでした。ですから、単に「戦略十訓」をひっくり返しただけでは、例えばエコの視点は出てきません。現代を生きる「本当に賢い消費者」とは、「反戦略十訓」に加え、「全体への影響」、つまり資源、エネルギー、環境、公害等々のことも考えながら、モノと向き合うことのできる人ということになりそうです。

収入と支出のバランスを考える

さて、まずお金を使うほうから話を始めてしまいましたが、「使う」ためにはその前提として「稼ぐ」必要があります。みなさんの場合、収入はどんな感じですか？

「どんな感じって言われても、僕(私)はまだ高校生だし、バイトもしてないからせいぜい小遣いとお年玉ぐらい」と言う人も多いでしょう。またそれ以外の読者には、大学生もいれば社会人もいるでしょうし、もしかしたらリタイア後の人もいるかもしれません。そうなると収入の道もいろいろでしょう。収入のない人、小遣いをもらっている人、アルバイトをして稼いでいる人もいれば、定職についている人、年金をもらっている人、中には親がすごいお金持ちでいくらでも使えるなんていう人もいるかもしれません。一人ひとり状況は全く違うだろうと思います。

でも、どんな立場の人にしろ、お金に関して重要なのは、「収入に応じて使う」という、本当にシンプルな原則です。収入の範囲内で生活していれば、突発的なことでもない限り、お金に関して困ることはないですからね。

少し前までは、この原則を守るのは比較的簡単でした。財布に入っているお金や貯金しているお金が無くなれば、もうそれ以上は「借金でもしない限り」使えなかったからです。「借金」してまで使う人は、自分の「借金」を自覚していますし、借金をしない人は、計画的に使うか、お金がなくなれば我慢するかのどちらかです。そして、ほとんどどの人が、自分のお金の「残高」を把握していたと思います。

しかし、最近、お金がいろんな姿を取るようになってきて、自分の「残高」や「借金していているかどうか」がわかりにくくなってきました。自分の収入に関しては「見えている」人が多いでしょうけど、支出に関しては「見えていない」人が増えているのです。

例えば、携帯電話に内蔵させたICチップを使って支払いを済ますことができるおサイフケータイと呼ばれる機能です。チャージして、その金額の範囲内でなら使える「プリペイド」タイプと、先に使って後で支払いをする「ポストペイ」タイプがあるのは知っていますよね。プリペイドタイプにも、一定額を自動でチャージするものもあったりするので、もしかしたら区別できていない人もいるかもしれません。本当にややこしいです。自動チャージの場合、貯金の残高が足りなくなればチャージされることはないので、「借金」にはなりません。まだ「見えやすい」システムと言えるでしょう。

一方、ポストペイタイプは、クレジットカードなどと同様で、限度額は決まっているものの、一時的に立て替え払いをしてもらい、あとで返金するというのが基本的なシステムになります。短期間とはいえ、「ローン(借金)をして返済する」という形になるのです。自分でも気がつかないうちに「借金」をしているのですが、借金している感覚になる人は少ないだろうと思います。

クレジットカードなどは、モノを「買う時」と実際に借金を「返済する時」がずれているので、「ついつい欲望のままに買ってしまい、気がついたらとても返済できる金額ではなくなっていた」などという人をたくさんつくっています。それは、「年会費が無料だから何かお得そうだし」などといって、勧められるままに何枚もカードをつくってしまうようなタイプの人に多いようです。お金を借りて返さないのは犯罪です。裁判所などのお世話にならないように気をつけなければなりません。

インターネットでモノを買ったりお金を支払ったりするようなシステムも、すっかりありふれた光景になりました。現物を見ることも、その場でお金を払うこともなくなっているのですが、ちゃんと売買は成立しているのですから、よく考えるとなんだか不思議な気もします。本当にお金の支出は見えなくなってきているのですね。

それに引き替え、「収入」は見え過ぎるくらいで、かえっておかしい気もします。「知らないうちに自分の銀行口座に大金が振り込まれていた」なんてことは、夢の中でしか起こらないですものね。

ということは、収入と支出のバランスを取るには、「支出」を「見える」ようにすればいいということです。モノやサービスを手にしたら、必ず「支払」が待っているのですから、現金で買おうがクレジットで買おうが、「手にした時」が「支出した時」だと考え、しっかりと「記録」をつけるのです。

そんなのは「ややこしくてイヤだ」と考える人がいるのは当然です。今の時代、給料を現金で受け取るのはさすがに難しくても、支払を「現金」に限定することは可能です。僕の知り合いで、「いつもニコニコ現金払い」という古いギャグを口癖にしている人がいますが、その人は、いつでも自分の「所持金」を正確に把握しています。また別の知り合いは、ネットで注文することはあっても必ず着払いにし、頼んだものとお金を引きかえるそうです。そうして何にいくら使っているかを目に見えるようにしているんだとか。そういうやり方もありですよね。

とにかく、支出が見えにくくなっている現在、財布にある「現金」や銀行口座の「残高」を「所持金」と考えるのは間違っているということです。「自分のお金」といえるものは、常に「残高　マイナス　未払い分」だけだということは、しっかり頭に入れておきましょう。

コインの両面を見る

コインには表と裏がありますね。みなさんは、どっちが表でどっちが裏か知っていますか？　実は……日本の硬貨に関しては、どっちが表でどっちが裏という決まりはないそうです。ただ、年号が書いてあるほうを裏という慣例はあるみたいで、年号が書いてあれば裏、なければ表と呼ぶことが多いようです。

表と裏がはっきりしなくても、コインを真ん中ではがして二つに分けることはできません。そこから「コインの裏表」という言葉が生まれて、「必ずついてくる一対のものごと」とか「AがあればBがある」というような意味で使われています。

コインは表から見ても裏から見ても同じ金額ですが、市場で売買されている品物は、必ずしもそうとは限りません。同じ品物なのに、表から見たときと裏から見たときとでは、値段が違う場合があります。本来の意味からは少しずれますが、「コインの両面」、すなわち「物事の価値の両面性」をここでは考えてみたいと思います。

あなたは、「なんでも鑑定団」（テレビ東京系列）という番組を知っていますか？　一九九四年から放送されているそうですから、もう長寿番組と言っていいでしょう。各地に住む依頼人が所蔵する美術品や骨董《こっとう》品、昔のおもちゃなどをスタジオに持ってきて、専門の鑑定人が品物を鑑定し、値段をつけて発表するというだけの、まあ、単純といえば単純な番組です。でも、とても人気があります。地方の会場を舞台にする鑑定では、いつも会場にたくさんの人が入っています。

依頼人が持ってくる品物は、素人が一目見ただけでは値段も価値もよくわかりません。例えば、古い壺を見せられて、そのいわれや購入価格などを聞くと、とても高価なものに思えてくるし、反対に「安く手に入れた」とか「借金のかたとして手に入れた」などと聞くと、偽物じゃないかと思えてきます。

鑑定を受ける前に、依頼人は持参した品物の鑑定希望金額をボードに書きます。多くの方が、自分が持ってきた品物は「本物で高価なはずだ」と思っていて、希望金額は

本モノ？　偽モノ？　判定はどっち？

「一〇〇万円」などと予想を立てます。そもそもその金額で購入したという依頼人も多くいます。買った金額よりも低い鑑定が出てほしくないというのが人情でしょう。

依頼人の予想や希望が当たったり、それよりも高い金額がつけば「スゴイ！」ということになって、スタジオもテレビの前の視聴者も大喝《かっ》采《さい》です。しかし外れれば、しかも偽物だということになると、依頼人には気の毒ですが、視聴者にとっては「とてもおかしい（笑）」ということになります。「おかしさ」の中には、もちろん「哀しみ（同情）」も含まれてはいます。

この番組を見ている人がみな、骨董好きで「目利き」になるために見ているのかというと、どうもそういうことではなく、もちろん少しはいるかもしれませんが、多くの人は依頼人のリアクションを見るのが楽しくて見ているのじゃないかと思われます。

依頼人が持ってくる壺や絵画、古いおもちゃなどを、彼らの希望価格で売ってあげようといわれても、僕は絶対に買いません。とてもそんな値打ちがあるようには見えないからです。依頼人の家族の心情も似たり寄ったりみたいで、「家族からは邪魔だから捨てなさいと言われてます」とか「偽物と鑑定されたら骨董の収集をやめる約束をさせられてます」などというコメントが依頼人から聞かされる場合も少なくありません。

ところが、家中で邪魔物扱いされていた品物が、鑑定の結果「三〇〇万円です」なんて言われたら、誰だって、本物と信じ続けてきた依頼人だけでなく、偽物だ、邪魔物だ、と考えていた家族だってびっくりします。急に態度が変わって、「これからは家宝として大切にします」なんて言いだしても不思議ではありません。

反対に、鑑定結果が希望や予想を大きく外れて「二〇〇〇円」などというときもよくあります。依頼人は当然がっかりした顔になるのですが、番組を見ている僕も実は少しがっかりします。目の前にでてきたいかにも由緒ありそうな品物が、もし本物だったらどれくらいの値打ちがあるのだろうと、ワクワクしながら見ていたからです。番組の魅力は、モノやモノの価値をめぐる人々の態度や表情の「落差」にあるということなのでしょう。

実際、高い値段がついたからといって、モノは鑑定前とあとで何かが変わるわけではありません。変わったのは、モノを取り巻く状況や人の気持ちだけなのです。

これまで骨董にまったく興味がなかった人でも、「世の中には、こんな壺にこれだけのお金を出す人がいるらしい」「しかも本モノなんだ、すごい」となり、古びた壺が急に魅力的なものに見えてくるのです。しかし、落ち着いて考えてみると、モノそのものの価値を再発見したというより、つけられた値段にびっくりして気持ちや態度が変わっただけだということがわかります。つまり、魅力は品物にではなく「金額」にしかないのです。これが「コインの両面」の一番わかりやすい例です。えっ、わかりにくいですか？

僕が言いたいのは、自分にとっての「価値」と「モノの値段」は必ずしも一致しないということです。服やアクセサリーや化粧品など身近なものを例に出すともう少しわかりやすくなるでしょうか。

服でもアクセサリーでも化粧品でも、値段はそれこそピンからキリまであります。シンプルな白いTシャツが、あるブランドでは一万円の値段がついているのに、ファストファッションの店に行けば五〇〇円で売られていたりします。骨董品の目利きなどと同じように、見る人が見ればそのTシャツが「高級品」なのか、それとも「安物」なのかわかるのでしょうか。おしゃれな人がカッコよく着ていたりなんかすると、僕には区別なんてつきません。品質でいえば多少の違いはあるのでしょうが、それが値段の差ほどの違いかというとそんなことはなく、むしろ商品価値の違い以上に、値段に差がありすぎる、という印象が強い気がします。

「専門家」に言わせれば、「オーガニックの綿を一〇〇パーセント使っている」とか「有名デザイナーの作品だから」など、値段の差は十分に説明できるということになるのかもしれません。同じように、アクセサリーや化粧品なども、素材が違う、デザインが違う、効能が違うという理由で、びっくりするような値段設定も可能なのでしょう。「高い!」などと文句を言うと、「知りもしないクセに」ということになるのでしょうね。

でも、目利きの人や専門家がつける値段は、しょせん「コインの片面」だけの話です。実際に着るのは自分、身につけるのも自分、使うのも自分です。人のつけた値段を見て「良いもの」か「悪いもの」かを決めるのではなく、自分が気に入ったかどうか、似合うかどうか、使い心地がいいかどうかで判断すればいいだけのことです。言うまでもなく、大事なのは「自分にとっての価値」なのです。そしてもうひとつ大事なのは、「いくら出してもいいか」「いくらなら出せるか」を冷静に判断できる力です。

仮に、あなたが手に取ったモノが一万円のTシャツで、お店で試着したところ、着心地は抜群、ラインもカラダにフィットしていい感じ、まさに自分のためにつくられた一枚に思えたとしましょう。でも、値札に書かれているのは予算の数倍の金額！　あなたは悩みます。「お父さんに泣きつく？」「お年玉を使う？　でもあれはホームステイのために貯金してるお金だし……」「バイトする？　あーでも、そんなことしているうちに売れちゃうかも!!」と。

さんざん悩んだ末、あなたは「買わない」という決断をします。商品としては、自分にとって魅力も価値もあるものだけど、自分の状況を考えたとき、無理してそれだけの額を出す価値はないと判断したからです。これが「コインのもう片方の面」です。

一枚のコインには、売る側が決める価値(値段)と、買う側が決める価値(値段)があるということです。

「値段」というものは、あらかじめパッケージに印刷されているのが当たり前で、なんだか客観的に決まっている絶対的なもののように、僕たちは思いがちです。でも、買うか買わないかは、買う側の自由です。買う側に、僕たちのほうに決定権はあるのです。ですから、場合によっては値引き交渉も成立します。郊外型の大型電気店などで、店員さんと交渉しているお客さんを見かけたことはありませんか？　また、近所の小さなお店でまけてもらったり、おまけに何かをもらったりという経験をした人もいるのではないでしょうか。

本来、値段は売買する当事者間での合意によって成り立つのが理想です。大阪では、「値切る文化」がかろうじて残っているので、そのことを時々ですが実感できます。

この章の冒頭で、アイスクリームを例に出して、商品の売買に関わっているのは販売者と消費者だけではないという話をしました。流通が複雑化し、商品が手元に来るまでの過程に多くの人や会社が関わるようになると、「値段」のつけ方も複雑化してゆきます。

でも、それはあくまでも売る側の都合。買う側の僕たちにとって、モノの値打ちというのは、あくまでも「自分にとっての価値」のコトですから、売る側の言い値で買う必要は全くありません。

「なんでも鑑定団」に出ていた依頼者の人たちだって、骨董だったら何でもいいわけではなくて、「いくらなら出してもいいかな」「これは趣味じゃないからいらない」「もしかしたら偽物かもしれないけど、気に入ったから買おう」「絶対いいものだけど、高すぎるからやめよう」など、その都度判断をしています。同じようにあなたもまた「自分の中の価値」で買う・買わないを決めればいいのです。

判断材料のひとつとして、値段について自分なりの基準を持つことが大切だということが、ここまでの話の中でわかると思います。その基準をしっかり持っていれば、買い物がより充実したものになることは間違いなしです。

そういう意味では、最近流行の「マネーゲーム」にも僕は口を挟みたくなります。

「違法なことをやっているわけではないんだからほっといてくれ」と言われるかもしれませんが、本当にそうでしょうか。ゲームに参加していない人の生活に必要なモノの値段にまで、大きな影響を及ぼしているのは、僕が説明するまでもありません。本当に迷惑な話です。

アメリカの大手証券会社の役員をしていた女性がこんなことを語っています。「個人がお金を稼ぐことも、社会の経済活動にしても、それそのものが目的ではありません。あくまでも人々の、社会が幸福になる手段であって、目的ではないのです」（『子供にマネーゲームを教えてはいけない』／キャシー・松井著／講談社＋α新書）と。

「自分の中の価値」をどう持つか、考えさせられる話です。さて、「自分の中の価値」をつくっていく途上のみなさんに、参考になる話をしておきたいと思います。それがないとどんなトラブルに巻き込まれてしまうか、その対処法についてもしっかり学んでもらえればと思います。

トラブルのかわし方・対処の仕方

基本的に、売る側は「利益」を出さなければいけませんから、売って儲けることがあっても、それは「商売上手」なだけであって、「犯罪」ではありません。でも、わざと消費者を誤解させて、「安物」や「値打ちのないもの」に「高いお金」を払わせて儲けるのは、一種の「マネーゲーム」と言っていいでしょう。実態を離れたところで、「コインの両面」を上手く使い分ける「だましのテクニック」ですね。

でも、安心してください。基本的に、ちゃんとした商売をしている人との間では「トラブル」は起こりません。人間ですから、ときには「ミス」することもありますが、だます気がないのであれば、申し出れば誠実に対応してくれます。「トラブルのかわし方・対処の仕方」なんていう小見出しが成立するのは、「わざと誤解を与えて」儲けようとする業者などがいるということです。

消費者に誤解を与えて「余分なお金」を出させるには、言葉やイメージを上手く使って、実際の価値をわからなくさせる必要があります。また、他の情報を集めたり、誰かに相談されたりすると「ウソ」がばれてしまう恐れがあるので、できるだけ急がせるのもテクニックのひとつです。商品知識を持った人に綿密にチェックされるのも避けたがっていることですね。

そんなふうに考えてゆくと、「自分がよく知らない商品」を「言葉巧みに」売りに来られ、「急がないとチャンスを逃しますよ」なんて言われた場合は、「かなり怪しい」シチュエーションだということがわかります。商品そのものの「値打ち」よりも「お得感」のほうが印象に残るなら、眉毛に唾《つば》をつけたほうがよさそうです(マユツバの意味、わかりますか?)。

例えば、新聞や週刊誌などでときどき見かける「持っているだけでお金が入ってくる財布」の広告。どう考えてもおかしいですよね。なぜ買う人がいるのか不思議でしょう。でも、新聞に大きな広告を載せるには数百万円~数千万円かかります。そんな広告を出しても元が取れるほど売れる、儲かるということです。

「飲むだけでモデルさんのようにスリムになれます」なんていう広告もよくあります

ね。モデルさんは、そのクスリだけで痩《や》せたのでしょうか？　そもそも本当に太っていたのでしょうか？　写真だけでは本当のことかどうかわかりません。どちらの広告にも必ずついているのは「体験談」です。でも、体験談なんていくらでも捏造《ねつぞう》できます、と言ったら元も子もないでしょうか。

とても悲しい話ですが、インターネットで個人輸入した外国製の痩身《そうしん》薬を飲んで何人もの人が死亡したり、多くの被害者が発生するという事件が何度も繰り返し起こっています。そのたびに話題になるのですが、似たような事件はあとを絶ちません。それらの痩身薬は「飲むだけで痩せる」ということで結構売れ、実際に痩せた人も多いようです。でも、それらには日本では使用が禁止されている成分や健康な人が飲んではいけない成分が入っていて、「身体を壊すことで痩せていく」ような薬なのです。

この場合、ほとんどのケースは、口コミやネットを通じて情報が広がったようですが、広告でも口コミでもネット情報でも、鵜呑《うの》みにするのがどれほど危険かということです。

テレビ通販などでは、「今ならさらにもうひと箱お付けします」なんていうのがよくありますね。しかも、「番組終了後三〇分以内のお申込みに限ります」など、急がせてじっくり考えさせないようにするのが彼らの常套《じょうとう》手段です。でも、おかしいのは、そんな放送を一日に何度も、しかも毎日のようにしていることですね。「限定でもなんでもないやん」と思わず突っ込みたくなります。

「三〇日分でも十分多いのに、それを二箱なんて、そんなにたくさん必要だろうか？」「だいたい、そんなにサービスできるなんて、いったい原価はいくらなんだ」と、一呼吸おいて冷静に考えることが大切です。

悪質な商法にだまされるときは、だいたい自分の頭で考えず、相手の理屈を鵜呑みにしてしまっているケースがほとんどです。「戦略十訓」「反戦略十訓」をもう一度よく読んで、相手の土俵に簡単に乗らないように気をつけましょう。

でも、万が一トラブルに巻き込まれたときはどうしたらいいでしょうか。

もし、相手が「最初からだますつもり」なら、残念ながら、被害額をすべて取り戻すのは難しいかもしれません。こちらが手を打ったときには、もうすでに雲隠れしている可能性さえあります。でも、簡単にはあきらめないでください。

「おかしい」「怪しいかな」と思ったら、まず信頼できるおとなの人に相談しましょう。

国民生活センターや各地域の消費生活センターなど、消費者被害に対応してくれる公的機関もあります。恥ずかしがったりめんどくさがったりせず、とりあえず電話してみましょう。巻き込まれたトラブルの種類に応じて、対処法を教えてくれるし、時には業者と交渉するための手助けもしてくれます。

クーリングオフや消費者契約法などの法律を知っていることも強い味方になりますが、細かいことがわからなくても大丈夫です。先にあげた専門機関に相談すれば細かく教えてくれます。

インターネットを利用した詐欺《さぎ》やワンクリックしただけで料金請求がくるケースも同様です。慌てずに最寄りの消費生活センターなどに相談してください。

「自分の中の価値」で品物を選ぶ人は、まずトラブルにあうことはないでしょうが、「相手の示してくる価値」に乗りやすい人は注意が必要です。あなたは、「モノ」ではなく「値段」しか見ていないということはありませんか？　言い古された言葉ですが、世の中にそんなにうまい話はありません。

もちろん、だますほうが悪いのですが、だまされる側にも「要因」はあるのです。昔から「安物買いの銭失《ぜにうしな》い」と言います。「モノ」を見ずに「値段」だけ見て買うと、結局は「粗悪品」をつかまされて損をするよという戒めです。逆に言うと、消費者一人ひとりが本当の「目利き」になって、よく考えてお金を使うようになれば、世の中から粗悪品がなくなるという理屈です。

もちろん、なかなかそんなに簡単にはいかないでしょうが、「変なものは買わない」「怪しいものは買わない」と決めて行動するのは、ある意味で消費者としての「責任」を果たしていることにもなるということです。

でも、売っている商品がどんなものであるかという「情報」がなければ、その判断のしようもありません。消費者が正しくモノを選ぶためには、正しい情報が伝えられることが前提です。消費者には「正しい情報を知る権利」があります。不当表示や虚偽の表示は、消費者の権利を奪う行為です。単なる「ミス」では済まされません。

「売れるもの」は多くつくられ、「売れないもの」は消えていく、それが現代社会の基本法則です。つまり、僕やあなたを含めた一人ひとりの消費行動が世の中の方向性を決めているということです。財布からお金を出すとき、「消費者であることの権利と責任」が頭をよぎるなんて、ちょっとカッコいいんじゃないかと思います。

相談窓口

①トラブルが生じた際の通報、相談窓口、紛争解決について知りたい方の窓口
国民生活センター　http://www.kokusen.go.jp/category/consult.html
②最寄りの消費生活センター　①のURLで窓口を調べることができます。また、最寄りの相談窓口につながらない場合は、国民生活センター「消費者ホット　平日バックアップ相談」の窓口も利用できます。　〇三(三四四六)一六二三
③消費生活のトラブルをいますぐ相談したい方の窓口
消費者ホットライン　〇五七〇(〇六四)三七〇

コラム❸ 「闇金ウシジマくん」と考える〝欲望〟とのつきあい方

『闇金ウシジマくん』（真鍋昌平作／小学館）というマンガを知っているでしょうか？テレビアニメや映画にもなっているようですね。僕は、友人から教えてもらって知りました。なんでも「中学生に読ませたい〝お金の本〟」として話題になったそうです。

これは闇金融の世界をめぐる人間模様を描いた作品なのですが、ひと言で言うと〝すごく強烈なマンガ〟です。でも、全く空想の物語というわけではなく、現実の世界がかなり色濃く反映されています。

『闇金ウシジマくん』を読んでいると、人間の欲望の暗部をいやというほど見せつけられることになりますが、そのことを通じて、自分自身の「欲望」ときちんと向き合い、うまくつきあってゆくことの大切さを改めて知るきっかけになります。

ところで、みなさんは「闇金融《やみきんゆう》」という言葉は知っていますか？　本当は、知らないまま一生過ごせるほうが幸せかなと思います。闇金融を知るためには、その前提として、まず「金融」についての基本的なことを知る必要があります。簡単に説明してゆきましょう。

「金融業」というのは、「お金を貸す仕事」のことを言います。昔は「貸金業」と呼ばれていたこともあります。現代では銀行や消費者金融などがよく知られていますね。銀行や消費者金融業者は、お金を貸して「利息」を取ることで利益を得ています。貸したお金を返してもらうのは当然ですが、返してもらうときに、貸したお金に加えて「少し

自分をちゃんと知ってる奴は、身分相応に生活すンだろ。

『闇金ウシジマくん』
（© 真鍋昌平／小学館）

余分に返してもらう」ことを約束してもらってから貸すわけですね。この「少し余分に返してもらう」分を「利息」と呼んでいるのです。

利息は、普通、「一年間」で貸したお金の「何パーセント」をもらうかで表します。それで、「年利一パーセント」とか「年利一〇パーセント」という言い方をします。一〇〇万円を借りた場合、「年利一パーセント」なら、一年後に返すお金は一〇一万円で済みますが、「年利一〇パーセント」だと、一一〇万円になります。その差はなんと九万円。これは大きいですね。

同じお金を貸すなら、高い利息で貸したほうが儲かるし、借りるなら、低い利息で借りたいと考えるのは当然です。でも、どんな利息で貸してもいいとなると歯止めがきかないので、「利息制限法」という法律で利息の上限が決められています。上限利息の考え方も時代とともに変わっているのですが、現在の上限がいくらなのか知っていますか?

- 一〇万円未満なら年利の上限は二〇パーセント↓(例)九万円借りると、一年後に一

〇万八〇〇〇円返す

・一〇〇万円未満なら年利の上限は一八パーセント↓(例)九〇万円借りると、一年後に一〇六万二〇〇〇円返す

・一〇〇万円以上なら年利の上限は一五パーセント↓(例)九〇〇万円借りると一年後に一〇三五万円返す

上限いっぱいの金利が設定されていた場合は、右記のような具合になります。そして、これ以上の利息で貸すことは禁止されているのです。

この話を授業でにすると、必ず、「金融業をやりたい」と言い出す生徒がいます。もちろん、元手はないですから、あくまで架空《かくう》の話ですが、「年利一五パーセントでしょ。一億持ってたとして、それを年利一五パーセントで貸したら、一年間に、えっ〜と、一五〇〇万円か！　そうやん、先生、一年に一五〇〇万円ですよ。ええ話ちゃいますか。何にもせんでも、十分食べていけますよね」というわけです。でも、実際は、難しい部分がたくさんあります。それは後程……。

利息といえば、銀行にお金を預けておいても「利息」がもらえます(というか、最近はあまりに少ないので、利息がつくことを忘れそうです)。この原稿を書いている時点で、普通預金の年利は〇・〇二パーセント、定期預金は〇・〇二五パーセント〜〇・〇四五パーセントくらいが多いようです。一億円を普通預金に預けたら、一年後の利息は二万円です(実際に一億円預けるとすると、もう少し条件は良くなるかもしれませんが……)。それにしても、同じ一億円なのに、借りると一五〇〇万円の利息がついて、預けても二万円の利息しかもらえないなんて、こんなに違っていいのかなと、ちょっと考え込んでしまいます。

さて、「闇金」です。「ヤミ」というのは、法律を守っていないことを表しているので、「闇金」というのは、利息制限法の上限を超えてお金を貸している業者のことを言います。「闇金ウシジマくん」のところの金利の基本は「トゴ」です。マンガを読めば、それ以上にひどい貸し方をしていることがわかりますが、「トゴ」でさえ、計算すると「すごい金利」です。一体どんな金利なのか、ちょっと一緒に計算してみましょう。

「トゴ」というのは、「一〇日で五割」を表す業界用語です。一〇万円借りた場合、一〇日後に元金の一〇万円に加えて、利息である五万円の計一五万円を返すという契約です。

金利の基本は年利ですので、「トゴ」を年利に換算してみましょう。一〇日で五割ですから、トゴの金利は一〇日で五〇パーセント、一日当たりだと、一〇分の一の五パーセントになります。一年は三六五日ですから、年利に換算する場合は、この五パーセントに三六五日を掛ければいいのです。さて、答えはどうなりますか？

そうです。一八二五パーセントになりますね。つまり、一〇〇万円借りたら一年後には、借りた一〇〇万円＋一八二五万円の一九二五万円を返済しなければならないということです。信じられないような金額ですね。もちろん、法律違反なので返済する義務はありません。でも、借りる側も、そんな違法な業者にお金を借りるようになっている時点で、相当複雑な事情を抱えていることが多く、警察や消費生活センターなどにもなかなか相談に行かないようです。闇金は消費者のそんな心理状況にも巧みに付け込んでいるんですね。

ウシジマくんが実際に貸す金額は一回当たり五万円程度です。トゴだと、一〇日後には七万五〇〇〇円を返金することになります。でも、もし仮に、全額返せなくて、一〇日後に利息の二万五〇〇〇円だけ返して五万円は借りたままにする、また一〇日後も……と繰り返して一年経ったとすると、実質的には最初の五万円しか借りていないのに、利息だけで九一万二五〇〇円返すことになります。恐ろしい話ですね。

同じ五万円を借りるのでも、銀行などで年利二〇パーセントで借りた場合は、一年後に返す金額は六万円です。闇金で借りる人もそんなことはよくわかっています。それなら銀行や消費者金融で借りればいいですよね。なぜ、彼らはそうしないんだと思いますか？　答えは、「貸してくれないから」です。

金融業者の一番の心配事は、「貸したお金が回収できないこと」です。「貸したけれど回収できそうにないお金」を「不良債権」と言います。ときどき耳にすることもあるのではないでしょうか。最近も、景気の浮き沈みは激しく、常に大量の不良債権が発生しています。日本の大手銀行も倒産しましたし、世界ではいくつもの金融関係の会社が倒産しています。お金を貸すということは、ものすごく大きな「リスク」でもあるのです。

ですから、貸す側は、必ず返してもらえるかどうかを慎重に審査してから貸します。

闇金に手を出すような人は、借金を踏み倒したりした実績があるので、もう普通のところでは借りられなくなってしまっているのです。

ウシジマくんが貸してくれるのはせいぜい五万円です。そして、先に利息分を差し引いて渡したり、年金や生活保護費などの援助金からピンはねすることで取りはぐれないようにしています。そうした行為も法律では禁止されているのですが、もともとが「闇」の商売ですから、ウシジマくんは一切気にしません。

「闇金ウシジマくん」を読んでいると、ウシジマくんのところでお金を借りる人たちは、果たして普通の生活に戻れるのだろうかと心配になってきます。実際、ちょっと難しいかなとも思えます。

彼らに共通しているのは、「欲望に歯止めがかからなくなっている」ということでしょうか。「闇金ウシジマくん」には、お酒やギャンブルや恋愛や薬など、依存症になりやすい、対象に溺《おぼ》れている人物ばかりが、これでもかこれでもかと言わんばかりに登場します。でも、そんなことになったきっかけは、とても身近で些細《ささい》なことだったりして……。「いつ自分がそうなるかわからない」「どうも他人事とは思えない」そんな気持ちになります。

　血も涙もない取り立てをするウシジマくんですが、ひとり暮らしの部屋に戻って、亡き母の形見のウサギたちに囲まれているときは、実に和んだ顔になります。人間の醜い欲望を利用して金儲けに勤《いそ》しんでいるウシジマくんだからこそ、慎ましやかに暮らすウサギに癒《いや》される時間が必要なのかなと思いました。

4 時間目

自分らしく生きよう！

ところで、「自分らしさ」ってなに？

「自分らしさ」と聞くと、僕はすぐに「やさしさ」とか「思いやり」とか「決断力」とかいった、人の性格に関するものを思い浮かべてしまいます。でも、ある人から、「自分らしさってさ、結局、何を着て、何を持ち、何を食べ、どこに住み、誰と何の話をするかってことじゃないの」と言われ、なるほど、具体的にはそういうことになるなと気づかされました。

「〇〇さんらしさ」なら、やさしい人だとか思いやりのある人だなど、抽象的なイメージで描いても差しさわりはありませんが、「自分らしさ」になるとそうはいきません。その場その場で、自分自身がしたいこと、するべきことを決めていくことだからです。

例えば、大学に進学するかしないかとか、昼ごはんに弁当をつくっていくか学食ですますかとか、テスト前で部活のない日に友だちと遊ぶか帰って勉強するかといった具合にです。つまり、自分らしさとは、非常にリアルな「チョイス（選択）」のことなのです。

そのとき、「やさしい」とか「決断力にあふれている」などという、抽象的な自己イメージは、何の役にも立ちません。

そして、話が具体的になってくればくるほど、現代社会ではお金の問題が絡んできます。「何を着て、何を持ち、何を食べ、どこに住み」なんて、ほとんどお金の話と言っていいくらいです。「誰と何の話をするか」だけが、唯一お金と関係なさそうなことでしょうか。でも、高校生の会話なんか聞いていると、「友だちとの交際費が半端じゃないので困ってる」なんて言っている場合もありますから、友だち付き合いにもお金がかかることが多くなっているかもしれません。

ちょっと気になったので調べてみました。「子どもの暮らしとお金に関する調査(第二回　平成二二年・金融広報中央委員会)」の調査結果によると、中学生・高校生ともに、小遣いの内訳で「友だちとの外食・軽食代」は二位に入っています。その他に、中学生では「友だちへのプレゼント」が三位、高校生では「休日に遊びに行く交通費」が三位になっていて、交際費が大きいことがわかります。

本当に今の世の中、お金がないとできないことばかりです。だから、「自分らしく過ごしたくても、お金がないからできない」と思っている人は多いかもしれません。あなたはどうですか。お金があったら、今よりもっと自分らしく暮らせると思いますか。

ちなみに、先ほどの調査で、「お金をたくさん貯めたい」という問いに対して、「そう思う」と答えた中学生は八九・一パーセント、「そう思わない」は四・七パーセント、高校生では「そう思う」は九二・三パーセント、「そう思わない」は三・三パーセントでした。お金を貯める目的についての調査はなされていないのでわかりませんが、多くの人がある程度お金を持っていたいと考えていることがわかります。が、一方、「お金持ちはかっこいい」に対し、「そう思う」と答えた中学生は一七・三パーセント、「そう思わない」は六四・五パーセント、高校生では「そう思う」二一・七パーセント、「そう思わない」は六〇・一パーセントでした。お金はある程度持っていたいけれど、必要以上に欲しいわけではないということでしょうか。

僕の生徒たちも、「もっと小遣いが欲しい」とか、「お金があったらいつでもコンサートに行けるのに」とか、「来月はバイトをもっと入れていっぱい稼ぐねん」などなど、しょっちゅうお金の話をしています。でも、彼らも案外、使いきれないほど欲しいなんて考えてはいないのかもしれませんね。

さて、それなら、お金を十分に持っていれば、「自分らしく」生きていけるのでしょうか。これまでいろんな人の話を直接・間接に聞いてきましたが、「お金があるから幸せに暮らせる」とは限らないようです。欲しいモノをすべて手に入れても、やりたいことがすべてできたとしても、どうも違うようです。それはおそらく、「自分らしさ」はお金をかければ手に入れられるものではなく、自分の「チョイス」に「満足」できたときに得られる「感覚」だからなのだと思います。

「自分らしく暮らしている」と感じられるということは、自分の生き方に「自信」が持てているということです。それは、ファッションでも食べ物でも遊びでも、自分が選んだものに「納得」できているということです。それは、とても楽しい充実した人生だと言えるでしょう。

とはいえ、みなさんの多くは、まだおとなの庇護《ひご》のもとで生活していたり、もし自立していたとしても、自由に使えるお金も少なくて、日々の生活をやりくりするのが精一杯ということもあるでしょう。それでも、その中で自分にとって最善の「チョイス」をしているのなら、それは誇れることですし、その経験はきっと将来の財産になります。

お金があっても、最善のチョイスができない人も多いですし、お金がなくてもできる「人生の達人」のような人もいます。「自分らしさ」を決めるのは、些《さ》細《さい》なことからそうではない大きなものまで、毎日の生活の中で行う絶え間ない「選択」です。それ以外の何物でもありません。

そう考えると、今夜、誰と何を食べるかということや、その人とどんな会話をするのかということも、とても大切なことなのだとわかります。

でも、今の世の中はモノや情報があふれかえり、ものすごいスピードで変化し続けています。そんな中で、一つひとつのモノやコトを、「自信を持って」選択してゆくのは、実際にはとても難しいことでしょう。なぜなら、自信を持って選択するには、判断基準となる「価値観」が、自分の中にしっかりと定まっている必要があるからです。先の章でも、その点について感じた人も多かったのではないでしょうか。

そして、その「価値観」はというと、社会で生活していく中で「徐々に」築いていくもの、獲得してゆくものなんですね。基準とすべき社会そのものが、猛烈なスピードで変化し続けているわけですから、「価値観」がなかなか定まらないのも無理ありません。

そこで！　僕がお勧めしたいのが、自分の「原点を体験する」次のワークです。

自分の「原点」をつかまえるワーク

僕のお勧めのワークは、「究極のひとり暮らし」です。紙の上や想像の中でやるワークではないので、この通りやるのはちょっと難しいという人は、「究極のひとり部屋暮らし」とか「究極のひとりスペース暮らし」という形に応用してみるといいと思います（それも難しい場合は、自分の机とかタンスなど、自分で管理できるスペースを使ってやってみるだけでも効果があります）。

【ワーク】究極のひとり暮らし

準備

①ひとり暮らし用の何もない部屋を用意する。水道くらいは通じていてもよい。

②これから「ひとりキャンプ」を開始すると宣言する(自分に言い聞かせる)。
③お金は各自の都合に合わせて持っていてよいが、生活用品や着替えなどはできるだけ少なくする(仕事や学校に必要なものだけ最小限揃えておく)。
④例えば、最初の一〜二日は寝袋で寝て、食料品も一泊二日の「キャンプ生活」に必要なくらいだけ持ち込む。
⑤生活用品などで、「どうしても必要だ」と思ったものが出てきても、しばらくは買うのを我慢し、「必要なものリスト」に書くだけにする。
⑥最低一週間〜一〇日間はひとりキャンプを続け、その中で「必要なものリスト」を充実させるのと並行しながら、店頭やネットなどで、デザイン、値段、機能などを調べ、どれを買うか、自分にとっての「最上品」がどれか、目星をつけてゆく。
⑦「本当に欲しいもの」を「心をときめかせながら」購入する(もちろん、誰かからもらってもいい)。
⑧自分の部屋を、自分の気に入った「自分らしいもの」だけでつくり上げる。

「自分の好みくらいわかっているから、何も持たない期間をつくるのは無駄だ」と思う人もいるかもしれません。でも、生まれた時からモノに囲まれた生活をしているのが今の僕たちですから、本当は自分らしくないモノ、必要ないモノまで「あるのが当たり前」になってしまっていることが多いと思います。持たない生活で余分なものをそぎ落とし、世間の雑音をシャットアウトして、自分の本当の声を聞くことから始めたいのです。

このワークをすることで、「質素な生活」になろうと呼びかけているわけではありません(質素な生活は、それはそれでいいとは思っていますが)。少々のことでは揺れない「自分の価値観」を身につけてほしいと思っているのです。

モノとの出会いは、ある意味、「新しい自分との出会い」でもあります。出会いに「正解」や「間違い」はありません。「納得」できるかどうかがあるだけです。「正解」を求めると、ついつい「ちゃんと買えたか」など「不安」が付きまといますが、「納得」にはそんなものはありません。自分が気に入るか気に入らないかだけです。

それがあなたの「価値観」です。周りの人がどう言うかなど、全く関係ないのです。教員をやっている僕が言うのもなんですが、学校で「正解」を当てる練習ばかりを積み重ねるような「訓練」をやり続けている結果、どうも、何にでも模範的な「正解」があるように考える人が増えているように思います(つまり、他人の意見を聞きすぎるということです)。

「自分らしいモノ」を選ぶのに、「模範解答」はかえって邪魔になるばかり。自分のことなのに自分で決められないなんて、考えてみたら大変なことです。自信を持っていろんなことの「チョイス」ができるようになるまで、シンプル生活で自分の感性を磨く練習をしてほしいと思います。同時に、「自分らしさ(価値観)」とは何かを、しっかりと考えてみてください。

僕は、今まで七回引っ越しを経験しています。まったくの偶然ですが、そのうち何度かは、このワークと似たような状況になりました。そのとき、引っ越す前の何もない部屋に座って考えていたのは、「どこに何を置こうか」ということではなく、「このまま何も置かずに暮らせたら、広々して気持ちいいだろうな」ということでした。

何もモノを置いていない、まだ電気も通っていない部屋でボーッと座っていると、いつのまにか時間が経っていて、窓には見事な夕映えが映り込んできました。そして、それもやがて陰りはじめ、空気も少しひんやりしてきます。

すっかり暗くなった部屋でキャンドルを灯すと、自分の影だけが壁で揺れている。そんな中で、「僕はこれからどんなふうに生きていくんだろうな?」と、漠然と考えていたことを思い出します。

あの感覚は、大自然の中にひとりで佇《たたず》んでいるときに訪れる「世界と自分が生身で向き合っている感覚」に近いような気がします。

モノや人に囲まれ、慌ただしく日々の生活を送っていると、社会的な肩書(自分が世の中で果たしている役割)や所有している財産(お金やモノ)が「自分」そのものだ(私はこんなふうに生きる人間だ)と考えてしまいがちになります。

でも、モノや人から少し距離を置き、改めて「自分とは何か」を考える時間をつくると、また別の自分のあり方が見えてきたり、より自分の本質的な部分を自覚することにつながります。僕は、それはとても意味のあることだと考えています。

そして、それを登山や冒険旅行などの「非日常」で体験するよりも、生活に密着した「日常」の中で体験できるなら、より「自分らしさ」に近づけるのではないかと思うのです。究極のひとり暮らし、どのレベルでも構いません。できることから始めてみてはどうでしょう。

小遣い帳をつけると見えてくる

あなたは、自分が日々何にお金を使ったか覚えていますか？　その日のことは覚えているかもしれませんが、一カ月、さらには一年といえば覚えていないのが普通でしょう。お金の使い道をわりと覚えている人も、あまり覚えていない人も、ぜひ「小遣い帳」をつけてみてください。「自分のお金」がどう流れているかがしっかりと見えてくるとともに、思わぬ「自分」にも出会えます。すでにつけている人は、もう出会っているかもしれませんね。

「はじめに」でも触れましたが、「自分のお金」とは「自分が自由に使えるお金」のことです。つけてほしいのは「小遣い帳」ですから、記録するのは「自由に使えるお金」の部分だけで構いません。

中高生のみなさんで、お年玉は強制的に貯金させられているとか、ひとり暮らしをしていて家賃やら光熱費やらを払っているなどという場合は、それらは除きます。

最初は、何も考えず、とにかく記録するということに重点を置きましょう。「またつまらないものに使ってしまった」などという反省をする必要はありません。お金の使い方が良かったか悪かったかという判断はひとまず横に置いて、とりあえずは「記録すること」「何に使ったかを知ること」に専念してください。

自由に使えるお金があるとき、それを何に使うかで、「自分らしさ」がわかります。驚きましたか？　もちろん、お金に関する部分に限定した話ですけど、自分の価値観や興味関心などがしっかりあぶり出されてきます。

ちょっと例をあげて考えてみましょう。

◇A君(高校一年生)…小遣い(月五〇〇〇円)

月／日　菓子パン一個　一〇八円
／　コミック（週刊誌）　二五五円
／　ジュース　一六〇円
／　カップ麺　一二三円

A君の場合、昼の弁当はお家の方がつくってくれています。でも育ち盛りの彼はそれだけでは全然足りず、小遣いの大半が食べ物代に消えていく様子がうかがえます。彼は、文具代や洋服代、模試のお金などは必要に応じて親に出してもらい、スマホ代は、家族割を理由に、ちゃっかりお父さんの口座から引き落としてもらっています。

こんなふうに分析していくと、いつもお腹を空かせているA君だけど、好きなマンガだけはやめられないんだな……なんていう、A君の人となりが目に浮かんできます。続いてBさんです。

◇Bさん（高校三年生）…小遣い（月一〇、〇〇〇円）

月／日　ノート（五冊セット）　三七五円
／　洋服代　一四八〇円
／　シュシュ　三三六円
／　リップクリーム　二四八円
／　ファッション誌　五〇〇円

A君より小遣いが五〇〇〇円も多いBさんはどうでしょう。金額が多い分、自分で出しているお金も多いようです。小遣いで服を買ったりしていて、オシャレにもお金を使っていることがわかります。BさんはA君のように食べ物ではなくてオシャレに使っているんですね。

この小遣いを記録するという行為、僕は「レコーディング・ダイエット」と似ているなと思います。

みなさんは、レコーディング・ダイエットというダイエット法をご存じですか？

日々の体重と食べた物を記録するだけという、本当に効果があるのか疑ってしまうようなダイエット法なのですが、自分が食べた物を記録しているうちに、食べ過ぎや、栄養のバランスの悪さなどが見えてきて、自然と食べ物に気をつけるようになり、いつの間にか適正体重に近づいてくるというダイエットの方法です。

他にも、「測るだけダイエット」といって、毎日体重を測るだけというダイエット法もあります。毎日体重を測ることで、食べるものや運動量が体重に与える影響を意識するようになり、日々の生活に気をつけるようになって、結果的にダイエットにつながるというものです。

お金に関しても同じです。記録するたびに、「俺はなんてつまらないものに金を使っているんだ」などと反省するのではなく、まずは、「記録は楽しい」と思って始めましょう。そして、見えてきた自分や自分の傾向を観察しましょう。すると、変えたいところ、変えたくないところが見えてきます。

だから、収支が合わないとか、記録するのを忘れたなど、いちいち気にする必要はありません。続けることが最優先です。でも、続けてゆくうちに、何かがゆっくりと変化し始めます。そんな自分をワクワクしながら楽しめたら、素敵なことだと思います。

実際に小遣い帳をつけてみよう

小遣い帳にもいろいろなものがありますが、基本的には、「いつ、何に、いくら使ったか」を記録してゆくのが、スタンダードな形です。今はインターネットなどで紹介されていたり、無料のアプリなどもあります。上手く利用して、できるだけ楽に続けられるものを選ぶといいでしょう。

多くは、日付、費目、摘要、収入、支出、残高の項目が並んだ形式になっています（表4）。「費目」とは、大雑把な分類のことで、あとで費目単位でグラフ化し、全体のバランスを見たりするのに使います。どんな費目にするのかは、自分で好きに決めて大丈夫です。

「摘要」は、具体的に何に使ったかということです。いろいろ書くほうが楽しいと思う人は細かく書きこみ、そんなに気にしないという人は適当でいいでしょう。でも、細

表4　小遣い帳の例その①　一般的なもの

月日	費目	摘要	収入	支出	残高
5/1	繰り越し		780		780
5/1	収入	小遣い	5,000		5,780
5/3	食費	おやつ(チョコレート)		180	5,600
5/6	交通費	電車代		320	5,280
5/6	交際費	カラオケ(MとAと3人で)		870	4,410
5/10	交際費	母の日のお花		890	3,520
5/13	文房具代	手帳		840	2,680
5/14	教養娯楽費	雑誌(○○○○)		680	2,000
5/17	教養娯楽費	映画(○○○○)		1,200	800
5/17	食費	ポプコーンなど		630	170
5/20	収入	Uおじさんから小遣い	1,000		1,170

かく書いておくと、何年も経って見直したときに、その頃の様子がくわしくわかるので、貴重な記録になります。小遣い帳からさらにレベルアップした家計簿にいたっては、個人の記録としてだけでなく、時代や社会の様子を知る手がかりにもなります。

手書きするのがメンドウと思う人は、ケータイやパソコンのソフトで管理すると、計算を自動でやってくれるし、グラフも簡単につくれるので楽だと思います。

小遣い帳に一工夫

一般的な小遣い帳では、「何に」お金を

使ったかを主に記録してゆきます。でも、せっかく小遣い帳をつけるのですから、お金の管理だけではなく、もう一歩進んで、お金の使い方を通じて「自分の人間関係のつくり方」を点検するというのはどうでしょう。「えっ、そんなことできるのか」ですって？　それが簡単にできるんですね。

小遣い帳①と同じ

For?	理由	気持
		◎
ME	塾の帰りにお腹が空いた	○
US	MとAとカラオケ	△
US	久しぶりで楽しかった！	◎
YOU	喜んでた．いつもありがと	◎◎
ME	スケジュール管理頑張るぞ	○
ME	これだけはやめられない	◎
ME	前から見たかった（Wと一緒）	◎
ME	迷った！　…小遣いピンチ！	×
	Uおじさん，大好き！	◎◎

小遣い帳の費目の分け方を変えてもいいし、欄を付け足す形でも構いませんが、「誰のために使ったか」という項目をつくるだけです。「誰のために」の項目内の分類は、次の三つです。

①For ME…自分だけのために使った
②For YOU…特定の人のために使った
③For US…自分を含め、何人かの人のために使った

どうでしょう。簡単な分類ですよね。つ

表5　小遣い帳の例その②　点検版．但し，内容は

月日	費目	摘要	収入	支出	残高
5/1	繰り越し	繰り越し	780		780
5/1	収入	小遣い	5,000		5,780
5/3	食費	おやつ…㋐		180	5,600
5/6	交通費	電車代		320	5,280
5/6	交際費	カラオケ		870	4,410
5/10	交際費	母の日の花		890	3,520
5/13	文房具代	手帳		840	2,680
5/14	教養娯楽費	雑誌		680	2,000
5/17	教養娯楽費	映画…㋑		1,200	800
5/17	食費	ポプコーンセット		630	170
5/20	収入	小遣い	1,000		1,170

いでに、「理由」と「気持ち」もメモしておくと、より充実した内容になると思います。気持ちは、記号で表すのがおススメです。例えば「嬉しい」や「楽しい」は「◎」、ふつうは「△」、「つまらない」や「ピンチ」は「×」というように。のちほど説明しますが、お金を使ったときの気持ちがよくわかるからです。

「小遣い帳の例その①」（表4）をこの形に改めると、表5のようになります。

実際、この小遣い帳からあなたには何が見えてきたでしょうか？　お金でも、時間でも、労力でも、自分だけのために使うときもあれば、誰かのために使うときもあり、

また、自分を含めた「みんなのため」に使うときもあるということがひとつ、そして、どの使い方がいいとか悪いとかではなく、そのバランスが「自分らしさ」を表す指標のひとつであることは間違いないということです。時間や労力は、なかなか分類して記録するわけにいきませんが、お金なら簡単です。

とはいうものの、それぞれの境界はかなり曖昧《あいまい》です。例えば、Ⓐの「おやつ」は、「食べていたら、妹が欲しそうに見るので半分あげた」なら、「For ME」が「For US」に変わりますし、Ⓘの映画も、「Wと一緒に行った」ことが一番重要なポイントなら、やはり「For ME」ではなく「For US」でしょう。

分類は、適当といえば適当なのです。でも、「自分がどんな思いでそのお金を使ったか」の記録なので、そのときの気分を記入するのが一番いいのです。

この小遣い帳を見ていると、「生きたお金の使い方」という言葉を思いだします。僕は小さい頃によく言われました。お金を上手に使いなさいという意味なのはわかるのですが、具体的にどうしたらいいのかとなると、なかなか難しいものがありました。

今の僕は、「同じお金を使うなら、自分を含め、より多くの人が幸せになる使い方をしなさい」という意味に解釈しています。「幸せ」という言葉もかなり曖昧な言葉ですが、お金に関して言えば、「みんなが楽しくなる使い方」ということになるでしょうか。

さっきの小遣い帳でいうと、「For US」です。自分のお金を使うのですから、まず、自分が幸せでなければなりません。例えば、Wと映画に行った話でいうと、見終わった後、映画の話題で盛り上がったり、他の観客たちも楽しそうにしている様子を見て、さらに気分がよくなったり……。自分が幸せになった上に、周りの人も幸せになっていた、それこそ、「生きたお金の使い方」と言えると思います。それは、お金を超えて気持ちの問題ですから、きっとまわりまわって自分に返ってくることでしょう。「金は天下のまわりもの」の本当の意味は、案外そういうことなのかもしれないと考えたりするのです。

別の言葉で言うと、お金を使う場面に、「ありがとう」とか「楽しかったね」という言葉があふれているということです。お金で人の気持ちを買うことはできませんが、お金を通じて気持ちを通い合わせることならできると思います。そんな使い方を覚えておくと、お金との付き合いがより豊かになるのではないでしょうか。

予算と決算

ここまでは、自分らしいお金の使い方を考えてきました。次は、さらに進歩させて、使う「計画」について考えていきたいと思います。お金を使う計画、すなわち「予算」を立てるということですね。

「ちょっと値の張るどうしても欲しいもの」があって、一回の小遣いではとても買えないなどというときは、誰でも購入するための「作戦」を立てます。毎月の小遣いから一定の額を貯金するとか、お年玉を使わずに取っておくとか、誰か買ってくれそうな人にすり寄るとか……。どれも立派な「作戦」ですね。

でも、「予算」となると少し事情が違ってきます。持っているお金の「すべて」について、何にどれくらい使うか、という計画を立てることが予算だからです。もちろん、貯金も予算の一部です。貯金にもそれぞれ目的がありますよね。たとえば、将来何か大きな買い物をするとか、いざというときのために取っているとか、通帳の残額を眺めるのが趣味だとか……。どれもがお金の使い道についての計画です。

例えば、毎月の小遣いが五〇〇〇円だとすると、年間では六万円もらえることになります。結構な額ですね。お年玉などの臨時収入が見込める場合はそれらも加えます。これが年間収入です。えっ、お年玉なんていくらもらえるかわからないのに足していいのかですって？　予算ですから、「見込み」でいいのです。あくまでも見通しをつけることが目的なので、収入も「予定額」で考えることになります。こういうとき、過去の記録があれば、もらえそうなお年玉の額がある程度予測できて便利ですよね。ずいぶん見通しがつけやすくなります。

さて、収入が見えてくれば、次は支出を考えます。小遣い帳をつけている人は、自分が何にどれくらい使うのか、これも過去の実績を参考に、おおよその見当がつけられます。小遣い帳をつけていない人は、見当をつけるのはかなり難しい作業になるかもしれません。

中高生のみなさんの場合、改めて「予算を立てよう」などと考えるのは、将来になにか大きな支出を予定していて、そのための「資金捻出《ねんしゅつ》作戦」という場合がほとんどどかもしれませんね。もちろん、それが大きな買い物の場合もあれば、貯金額の目標という場合もあるでしょうけれど……。

毎月の小遣いが五〇〇〇円の人が一年後に三万円の貯金をつくりたい場合、月々の小遣いから二五〇〇円ずつ貯金すれば三万円貯まる計算になります。でもそうすると、各月は残りの二五〇〇円でやりくりしていかなければなりません。それが実現可能かどうかを見極められるか、予算を立てることのポイントはそこにあります。

文具代や雑誌代、お腹が空いたときのおやつ代、友だちとの付き合いのお金、いったい毎月どれくらい使っているのか、どのくらいまでなら削れそうか、そういうことを考えるのが「予算」を立てるということです。そして、よく検討した結果、毎月貯金できるのはせいぜい一五〇〇円位だと判明するかもしれません。

もしあなたが、月々一五〇〇円貯金すると決めたら、まず小遣いをもらった時点で一五〇〇円は取り置きます。そして、それには絶対に手をつけないことにします。貯金は最初に取り置くのが原則です。さらにその上で、もしできるなら、残りのお金も、文具代、雑誌代、交際費などと書いた袋に分けてしまうといいでしょう。そして、できるだけ別の袋からお金を流用しないように気をつけます。きっちり分けて管理できれば、「また使いすぎちゃった」といったことはほとんど起こらなくなります。

この予算でがんばれたとしても、一年後に貯まるのは一万八〇〇〇円です。目標の三万円には一万二〇〇〇円足りません。同じペースであと八カ月続けて三万円になるまで待つのか、それともお年玉やアルバイトなど、別にあてにできる収入があるのか。それもまた、予算を立てるということですね。

「予算を立てる」というのは、自分のお金をどう使うかを考えることです。だから、それは自分の「生活スタイル」に直結します。要するに「自分らしさ」が強く反映されるということです。それはまた、「将来に対する見通しを持つ」ことでもあります。突発的なことも起こるでしょうから、それに備えるのか備えないのか、それも「自分らしさ」が表れる部分です。

「決算」は、自分の見通しが正しかったかどうか、その使い方で満足できたかどうかの点検です。「ＯＫ」ならそれでいいし、「ダメ」なら、次の予算を考えるときに、ダメだった部分を修正しなければなりません。

ゆとりを持って予算を立てていたはずなのに、今月は付き合いが多くて決算では交際費が大赤字になってしまった、なんていうこともありますよね。おとなたちだってよく経験することです。中高生なら親に泣きついて臨時の小遣いをせがむこともできるかもしれませんが、社会人ならそうもいきません。そのたびに「借金」なんてしているようでは困りますものね。

「予算」はあくまでも予測です。予測は外れて当たり前。予定外の支出があるたびにパニックになっていたのでは話になりません。常にある程度の「予備費」、つまり「当面は使う予定のない貯金」を持っておくのが賢明です。みなさんの場合、予備費としてどれくらい必要ですか？　月に一万円も二万円も予備費が必要な人はいないでしょう。小遣い帳をつけ、「予算」、「決算」と繰り返しているうちに、そのあたりの金額も自然にわかってきます。自分のスタイルが見えてくるんですね。

予算と決算は難しいことではなく、慣れの問題です。続けているうちに、大体決まった形ができてくるので、ざっくりとしたものでいいから考える習慣をつけると、見通しを持って生活できるようになります。

予算や決算のときに、「もっとお金があればなあ」と、ついつい愚痴を言いたくなる人もいるかもしれません。でも、それは一番やってはいけないことです。なぜなら、「予算」と「決算」というのは、自分でお金をコントロールする練習、つまり、「自分がお金に対して主人である」という感覚を身につける練習だからです。

「もっとお金があればなあ」というのは、「お金があれば違うことができるのに」という意味です。つまり、お金の量によって自分の行動が変わる、すなわち、お金に行動をコントロールされている状態だということです。

ちょっと厳しい言い方をすると、本当にやりたいことがあるのなら、お金があってもなくても、とにかくやり始めなければいけないのです。あればあるなりに、なければないなりに、気持ちさえしっかりしていれば、それなりになんとかなるはずです。「お金があれば」は、案外、やらないための言い訳かもしれません。

自分の足で立てないとき

でも、本当にお金がなくてどうしようもなくなり、暮らしが立ちいかなくなったときは、どうすればいいのでしょう。

心配する必要はありません。日本国憲法第二五条には次のように書かれています。

第二五条（生存権、国の生存権保障義務）
①すべて国民は、健康で文化的な最低限度の生活を営む権利を有する。
②国は、すべての生活部面について、社会福祉、社会保障及び公衆衛生の向上及び増進に努めなければならない。

一〇代の人たちにはまだピンとこないかもしれませんが、失業、病気、リストラ……、人生ではいつ何が起こるかわかりません。とんでもない災厄《さいやく》に見舞われたときでも、国が「健康で文化的な最低限度の生活」を保障してくれるというのです。安心して生きてゆけますよね。

それに、落ち着いて見回せば、自分の周りにも親切な人はいっぱいいます。困ったことがあったら、まず自分たちで助け合えばいいのです。そのうえで、どうしようもなければ、公的な支援を受けましょう。

実際、日本では、社会的な支援制度はまだ不十分な面もありますが、それなりに整ってきています。それぞれ条件はありますが、失業すれば失業保険がもらえますし、リストラされたときは、ハローワークで再就職や職業訓練の相談もできます。生活に困れば、生活保護を受ける権利もあります。他にもいろいろな制度があります。ぜひ調べてみてください。

公的な支援が不足していたり、十分でないときは、制度を充実させるように働きかけましょう。例えば、最近話題の保育所の待機児童問題などは、仕事をするため保育所に子どもを預けたいのに預けられない人たちが声を上げ、行政に働きかけてゆく中で、現状が好転していきつつあります。また、生活保護の申請については、いっそう厳しくしようという行政側の動きもある中、支援者の協力で受給に至るケースが増えており、その後の生活再建(生活保護からの脱却)にまでつながったという報告も耳にします。

どの社会福祉の制度も、当事者の人たちが声を上げ、周りの人たちが支援することで、その時代時代の状況に見合うものがつくられてきたのです。人々の声が制度をより充実させてきたのだし、これからもしてゆくのです。

最近、震災関連などで「受援力」という言葉を時々見かけるようになりました。みなさんは聞いたことがありますか? できたてほやほやの言葉で、いろんな意味で使われがちですが、僕は、困ったことがおきたら「遠慮したり、恥ずかしがったりせず、一歩前に踏み出す勇気を持ちましょう」という呼びかけだと捉えています。

最初は、自治体などが「災害時にボランティアの支援を受け入れる能力」という意味で使われ始めたようです。大きな災害が起きたとき、現地に大勢のボランティアが駆けつけてくれても、受け入れ側の態勢が整っていなければ、十分に活躍してもらえない、「支援」は「受援」があって初めて成り立つ、ということから生まれた言葉だったようです。

それが、非常時だけではなく、日常の、身の回りの困っている人でも同じではないかということになってきたのでしょう。支援する気持ちや制度があっても、誰が助けてほしい人なのかわからなければどうしようもなく、支援を受けたい人が手を挙げることで、初めて支援のスタートが切れるというわけです。困ったら誰もが遠慮なく手を挙げられるような世の中になってほしいという願いを、「受援力」という言葉に込めて語られているのかなと思います。

でも、現実に自分が弱ったり困ったりしたときのことを考えると、なかなか勇気を出して自分から手を挙げるなんてできないかもしれません。誰が流行《はや》らせたのか、初めに頭に浮かぶのは「自助努力」という言葉だったりします。でもそんなとき、誰かが「大丈夫ですか?」と声をかけてくれると、とても嬉しいだろうなと思います。さらに、どこに相談に行けばいいか教えてもらえたら、もっとありがたいことでしょう。そうでないと、客観的に見れば大変なことになっているのに、「このぐらいなら……」と考えて我慢してしまうかもしれません。

当事者の声をうけて制度を整えることはとても大切なことですが、その制度を生かすためには、私たち一人ひとりの行動がより大切だということです。「自分には関係ない」とか「もっと頑張れるんじゃないの」とか「他にもつらい人はたくさんいるよ」というような態度が、弱った人から「受援力」を奪っているという面もあるだろうと思います。

むしろ、今の日本に必要なのは、「気配り力」や「おせっかい力」かもしれません。早めの支援があれば、短時間で、しかも社会的にも低コストで回復できたものが、支援に入るタイミングが遅れれば遅れるほど、結果的に「長期間で高コスト」な援助が必要となる場合もたくさんあるからです。

相手の立場を尊重しつつ、適度なおせっかいができる「人生の達人」のような人、あなたの周りにもひとりや二人、そういう人がいるのではないでしょうか。そんな人がいると、いざというときとても頼りになります。社会的にもとても大切な存在ですし、そういう人たちの「働き」が、社会のリスクやコストを下げてくれているということは肝に銘じておきたいです。自分が「めざしたい人物」候補のひとりとして、リストに載せておいても悪くないかもしれません。

給食の時間

大阪人は食い物にうるさい?!

外食は楽しい！

外食をしてお金を払うときに、大阪の人はよくお店の人に「ありがとう」とか「ごちそうさん」「おおきに」などと言います。僕も、必ずと言っていいくらい「ごちそうさま」と言います。出してくれた料理がとてもおいしかったときなどには、「ごちそうさま」に続けて「すごくおいしかったです。ありがとう」と言葉を付け足すこともあります。そんなときは、お店の人がとても嬉しそうな顔をしてくれるので、僕も嬉しくなります。

これは、小さいときから、両親や他のお客さんたちが、お店で「ありがとう」とか「ごちそうさん」と言ってるのを見て育ったことで身についた習慣なのかなと思います。「ありがとう」を言う人の調査をしたわけではありませんが、たいていの人は、誰かから「ありがとうを言いなさい」などと言われた覚えはないだろうと思います。おとなたちが挨拶しているのを見て、子ども心にも「カッコいいな」と感じ、ひとりで、あるいは友だちと外食する機会を持つようになると、いつの間にか自然と口にするようになっていくのだと思います。

最近も、初めて入った近所のお店が、本当においしい料理を出してくれる所だったので、「自分ではつくりたくてもつくれないこんなおいしい料理を、しかもこんなに良心的な値段で食べさせてくださって、本当にありがたい」と思いながら、お店の人に心から「ありがとう」を言いました。もちろん「ホントにおいしかったです。また来ますね」と付け足すことも忘れませんでした。

と、こんなふうに書いていると、僕がとってもいい人みたいに見えてきますが、原稿を書きながら、改めて自分の外食時の行動を振り返ってみると、お店に対してけっこう厳しい対応をする場合もあることがわかってきました。初めて行った店で食事をしたとき、当然、気に入らない場合もありますよね。そんなときです。それでも、一応「ごちそうさま」は言いますが、僕はにこりともしません。無愛想に会計を済ませてそそくさと店を出ます。心の中では、「この味、このサービスでよう金が取れるなぁ。もう二度とけえへん(来ない)」とつぶやいています。

僕が「二度と行かない」ことに決める基準を整理すると、次のような感じになるでしょうか。

①おいしくなかったら二度と行かない（これは当たり前ですよね）。

②値段が高いくせに味が普通なら二度と行かない（味と値段が釣り合わないことに関しては、かなり厳しい見方をします。おいしくても高すぎたらダメです。サービスも含め、出した値段に見合うだけのものを提供されない場合、不満のほうが勝ります）。

③店員さんの感じが悪かったら二度と行かない（僕の場合、外食は楽しみでするものです。だから、店員さんに嫌な思いをさせられるのは最悪です。二度と行きません。でも店側からすると、「たまたま不慣れなアルバイトが入ってた」ということもあるかもしれませんね。でも、僕には誰が正社員で誰がアルバイトかなんてわかりません。社員教育のできていないダメな店のリスト入りです）。

④掃除が行き届いていないなど、お店の雰囲気が悪かったら二度と行かない（僕は、

不潔感のある店で食事をしたいとは思いません。音楽やにおい、他のお客さんの様子など、落ち着いて食べられる雰囲気じゃない、自分の趣味や感覚に合わないという場合も二度と行きません）。

⑤行列が長すぎたり、待たせすぎる店にはほとんど行かない（最近は行列がブームみたいですね。行列が好きな人は、延々と並ぶことを大いに楽しんでいただきたいと思いますが、僕は、基本的に、並んでまで食べたいとは思いません。時間は貴重です。待つ時間と値段を足して、それでもそれを食べる値打ちがあると判断したときだけ並びます）。（注）この項目だけ「ほとんど」になっているのは、僕が行列に並ぶ店が一軒だけあるからです。でも、それがどこかは秘密！　これ以上列が長くなると困りますからね。

考えてみると、これらの基準は買い物をするときや食べ物屋さん以外の店を選ぶときの基準としても当てはまります。お金を使うとき、自分の中に「譲れない線」があるのです。

それは、表面的に見れば、「お金に見合っただけのモノが提供されているか」という線です。大阪人はすぐに値段のことを話題にすると言われます。生粋《きっすい》の大阪人である僕も、値段には非常に敏感です。「モノ」の価値に比べて、つけられている値段が「高い！」と思ったら、基本的に買いません。それは僕にとって「譲れない線」なのです。

でも、逆に、モノの値打ちに比べて「安い！」と思ったらついつい買ってしまうのは言うまでもなく、そのことを家族や友だちに話して回ります。そこには、「値打ちのあるモノを安く手に入れた自分を自慢したい」という気持ちもいくらかは含まれていますが、それよりも、良いものを安く提供しているお店に感動し、人々に伝え、ますます店が繁盛してほしいという「思い」のほうが強く込められています。「いいお店」を見つけて、そんな店があったことが単純に「嬉しい」のです。

つまり、僕が「値段」に見ているものは、「金額」だけではないということです。店側が、「お客を利用して儲《もう》ける」ことばかり考えていれば、結果として「値段の割にモノが悪い」ことになり、自然と接客態度にもその姿勢は表れてきます。逆に、店側が、「お客さんに喜んでもらう」ことを第一に考えていれば、「品質を落とさないで済むぎりぎりの値段設定」でモノを提供するだろうし、接客態度もとてもいいものになるでしょう。結局、店が見ているものが、「お金」なのか「お客」なのかということです。

僕は「安い店」にも「高い店（僕にとって高いだけで、高級店というわけではありませんが）」にも出かけますが、行く店はだいたい決まっています。実際に自分で食べたり買ったりして「納得」できると、嬉しさと安心感の両方から、必ずリピーターになってしまうからです。

ちょっと気になる店があったら「覗《のぞ》いてみる」こともしますが、僕の「二度と行かない基準」に抵触《ていしょく》するケースが結構あり、結局「いつもの店」に戻っていたりします。そして、そこがレストランなら、おいしく料理を頂きながら、「こんなにおいしいものをつくってくださって本当にありがとうございます。体に気をつけて、いつまでも元気に働き続けてくださいね」と心の中で祈るのです。

「野生の舌」を取り戻そう！

最近は、グルメブームということもあって、「テレビをつければ、必ずどこかの局で食べ物関係の番組をやっている」と言ってもいいくらいです。グルメレポーターという、食べることを職業にして生活できる人が結構いるようですから、人々の食べ物への関心の高さがうかがわれるというものです。

グルメ番組にもいろいろありますが、テレビを見ていると、産地などを直接訪れて、素材そのものの良さをレポートしている場面をときどき見かけます。レポーターが、もぎたてのトウモロコシや掘ったばかりの大根やニンジンをかじったり、獲れたての魚や貝などを、時にはそのまま何もつけずに口に入れて、「おいしい〜!!」なんて叫んでいる、あれですね。素材そのものに味わいがあるので、調味料も何も必要ないというわけです。

僕たちは、幸せそうな顔をして食べるレポーターの様子を見て、「おいしそう」「僕も食べてみたい!」と、うらやましくてため息をついたり、思わず、「体に良さそう」なんて考えていたりします。

でも、考えてみると、レストラン紹介などの番組では、「おいしそう」と思うことはあっても、「体に良さそう」という言葉はあまり出てきません。素材そのものを食べているからこそ出てくる「感覚」なのだと思います。

これは、僕たちがまだ「野生の勘」を完全に失ってしまったわけではないという証拠かもしれません。だいたい、人間以外の動物は食べ物に「調味料」は加えません。「素材」そのものを体に取り入れ、それで自分の身体の健康を維持しているのです。野生動物が獲物を食べるとき、「うまい」と思っているのかどうかは知りませんが、テレビなどで見ていると、とても「満足」しているように見えます。

人間も動物ですから、体にいいものを食べているときは「うまい」「満足だ」と感じ、体に悪いものを食べれば「まずい」とか「嫌だ」と感じるのが本当の姿だろうと思います。それは、本来、生まれながら僕たちに備わっている能力です。この能力を、「野生の勘」とか「野生の舌」と言っているのを聞いたこともあります。

生まれたときから、薄味で、自然な素材のものばかりを食べていれば、おとなになってもこの能力は衰えないでしょう。また、おとなになってからでも、一流の料理人などは味覚を鍛えることで、素材の良さを見抜ける「舌」を獲得するようです。

でも、あまり深く考えずに食べていると、現代の食は僕たちの「舌」が持っている「野生の勘」を狂わせてしまいがちです。というのも、最近は、本来は主役である「自分の血肉となる素材そのものの味」が「わき役」になってしまい、スープやソース、調味料など「本来はわき役でしかないはずのものの味」が主役の座に躍り出て、「うまい」かどうかを競っている食品が多くなったように思えるからです。

たしかに、素材で勝負している食品も結構あります。いわゆるブランド品ですね。松阪牛とか、関サバ（瀬戸内海と太平洋がぶつかりあう豊後水道《ぶんごすいどう》でとれるサバのこと）とか、佐藤錦《さとうにしき》（山形県などで生産されるさくらんぼ）とか、魚沼産コシヒカリなどなど、どれも素材の良さで売っている食品ですが、取れる量が限られていて、例外なく高価です。「そんなのばかり食べている人も世の中にはいらっしゃるだろうけど、庶民はたまに口にできたらいいほうです」というようなものばかりですよね。

高級食材がもてはやされる一方で、実際に増えているのが加工食品です。素材を売りにしている食品とは逆に、加工食品の場合、消費者が「素材」を目にする機会はほとんどありません。コンビニの弁当も、スーパーの惣菜《そうざい》も、チンして食べる冷凍食品も、お湯を注いで待つだけのインスタントラーメンも、素材そのものは見えません。とっても便利なんだけど、便利さの陰に隠れて「食べ物の本来の姿」が見えにくくなってきているのです。

とはいうものの、僕も加工食品は大いに利用させてもらっています。でも、買うときに気をつけてることがあります。それは、「素材」がなんであるかを確かめること。僕が加工食品を選ぶ基準はひとつだけ、「素材が主役になっているかどうか」、それだけです。やはり、自分の血となり肉となる食べ物ですから、生鮮食品であろうと加工食品であろうと、「良い素材」であってほしいと思うのと、「素材」で勝負している食品は、間違いなく「うまい」と、僕の経験が教えてくれているからです。

「素材で勝負しているかどうか」なんてどうやったらわかるのかですって？　学校でも家庭科の時間に習ったと思いますよ。食品のパッケージの裏や横に書いてある「材料表示」を見ればいいだけです。材料表示は「多く使っているもの順」に表示しなくてはいけないと決められているので、そのことも頭に入れながら見ますが、僕の判断基準はいたって簡単、「材料表示ができるだけシンプルなものを選ぶ」ということです。

例えば、僕がよく買うハムの表示を見てみると、「豚肉、食塩、砂糖、香辛料」と書いてあります。これを見ると、豚肉に塩と砂糖で味をつけ、風味づけに香辛料を使っていることがわかります。シンプルですね。ハムは昔からつくられてきた食品で、豚肉と食塩だけでもつくることができます。

一方、よく見かける市販のハムの表示を見てみると、「豚肉、大豆たんぱく、卵白、カゼインナトリウム、食塩、亜硝酸ナトリウム、L-アスコルビン酸ナトリウム、ポリリン酸ナトリウム、ピロリン酸ナトリウム、グルタミン酸ナトリウム、5′-リボヌクレオチドナトリウム、たんぱく加水分解物、ポークエキス、加工でんぷん、増粘多糖類、コチニール色素」などとなっています。

とてもシンプルとはいえませんね。それに、どんなふうにつくっているのか、この表示を見ただけでは想像することさえできません。では、よく見かける市販のハムにはなぜこんなにたくさんのものが入っているのでしょうか。しかも、普段耳にすることのないカタカナで書かれたものが目立ちますね。

豚肉のあとに書かれている「大豆たんぱく、卵白、カゼインナトリウム」は、豚肉の代わりというか、ハムをボリュームアップさせるために使われているもので、肉のたんぱく質の代替として使われている、大豆と卵と牛乳の成分です。豚肉に比べればどれも「かなり安い材料」です。

そのあとに塩がきて、その続きにズラーッと並んでいるのは、ほとんどが化学物質の名前ですが、「食品添加物」と呼ばれるものです。食品添加物というのは、味、見た目、保存性、加工性などをよくするために使われるとされていますが、主に機械で大量に生産するときに便利だったり、遠方まで運ぶとか長期間保存するのに必要だったり、売るときに見栄えを良くするなどの目的で使われるもので、同じ食品を家庭で調理する場合には、まず使われることのない物質です。

つまり、本来は食べなくてもいいもの、食品としては位置づけられていないものということで、食品「添加物」と呼ばれているのです。そして、先ほどのハムの例でもわかるように、「素材の悪さ」をカバーするために使われることの多い物質だと言うことができます。

「素材」の味に敏感な人、「野生の舌」を持っている人が、添加物のたくさん入った食品を口にすると、「あまりおいしくない」と感じることが多いといいます。彼らは、体にとって特に「必要ではないもの」をかぎ分ける能力が高いのかもしれません。僕にはそんな能力はありませんが、シンプルなものと食べ比べると「違い」はわかります。

実際、加工食品とひと口に言っても、結構シンプルにつくられているものから、何だこりゃというほどいろんなものが使われている製品まで、いろいろあります。一般論として、「素材が悪ければ、添加物をいっぱい使ってごまかすしかない」ということが言えます。だから僕は、できるだけシンプルにつくられているものを選ぶのです。

食品添加物にものすごく詳しい安部司さんという人が、その著書(『食品の裏側2 実態編』東洋経済新報社/二〇一四年)の中で食品添加物が多量に使われる背景には、消費者の消費行動にも一因があると警告しています。

食品添加物を使うと、①安い、②簡単、③便利、④きれい、⑤オイシイのすべての要素を満たした食品がつくれますが、それは、消費者が食品に求めているものと全く同じだというのです。消費者自身は、「食品添加物は出来るだけ避けたい」などと言いながら、自分が一手間かけたり一工夫したりなど、労力を注ぐことを厭《いと》う人が多く、安くて簡単で便利できれいでオイシイものであれば、すぐに飛びついてしまうというのです。

その習慣はそう簡単には変えられないかもしれませんね、でもすぐにあきらめないでください。野生の舌を鍛え、買う前に材料表示を見る習慣をつければ大丈夫です。加工食品の良い面、便利な面をうまく利用しながら食生活に取り入れられると思います。

結局は、加工食品を選ぶ基準も、先ほどのお店を選ぶ基準と基本的には同じなんです。つくっている人が、「お客」つまり「消費者」のことを優先して「良いもの」をつくろうとしているのか、「お金」つまり「自分の利益」のことを優先して「適当なもの」をつくっているのかということです。それは材料表示を見れば一目瞭然です。

すべての食べ物は、食べれば体の一部となり、健康や体調に大きな影響を及ぼします。理想は、本当においしいものを見分けられる「舌」を身につけることでしょうけれど、いろいろな添加物で舌が麻痺《まひ》してしまっている場合もあるので、まずは「見ること」「選ぶこと」から始めてみてはどうでしょう。

「素材の良さ」が見分けられるようになってくると、いつの間にか体の元気度も上がっているかもしれません。そんな消費者が増えれば、生産者もやりがいを持って「良い商品」をつくろうと考えるようになるでしょう。「生産者」と「消費者」、「売る側」と「買う側」なんて別々のもののような言い方をしますが、両者は互いの姿を映す鏡のようなものです。

消費者が「安ければなんでもいい」などと「お金」のことだけ考えている限り、生産者が「儲かりさえすればどうでもいい」と「お金」のことだけ考えるようになるのは当たり前のことでしょう。でも、お互いに対する理解が深まれば、関係性は変わってくるだろうと思います。

それは、生産者は「消費者においしい商品、体に良い商品を提供したい。でも必要以上に儲けたいとは思わない」と考え、消費者は「良い商品をつくってくれてありがとう。コストがかかるだろうから値段が少々高いのは当たり前だ。喜んで買わせていただきます」と考える関係性です。

消費者がつくり手を育て、つくり手がまた消費者を育てる。今でも、産直など、いわゆる「顔の見える関係」の中では、見受けられる関係性ですが、すべての消費者とすべての生産者がそんな関係になれたら、社会全体の健康度はグングン上がっていくんじゃないかと思います。そして、野生の舌を持つ人も、もっともっと増えていくでしょう。

そんなふうになったら、ユネスコの無形文化遺産に選ばれた「和食」の味に、さらに磨きがかかるかもしれませんね。

5時間目

お金の出る幕

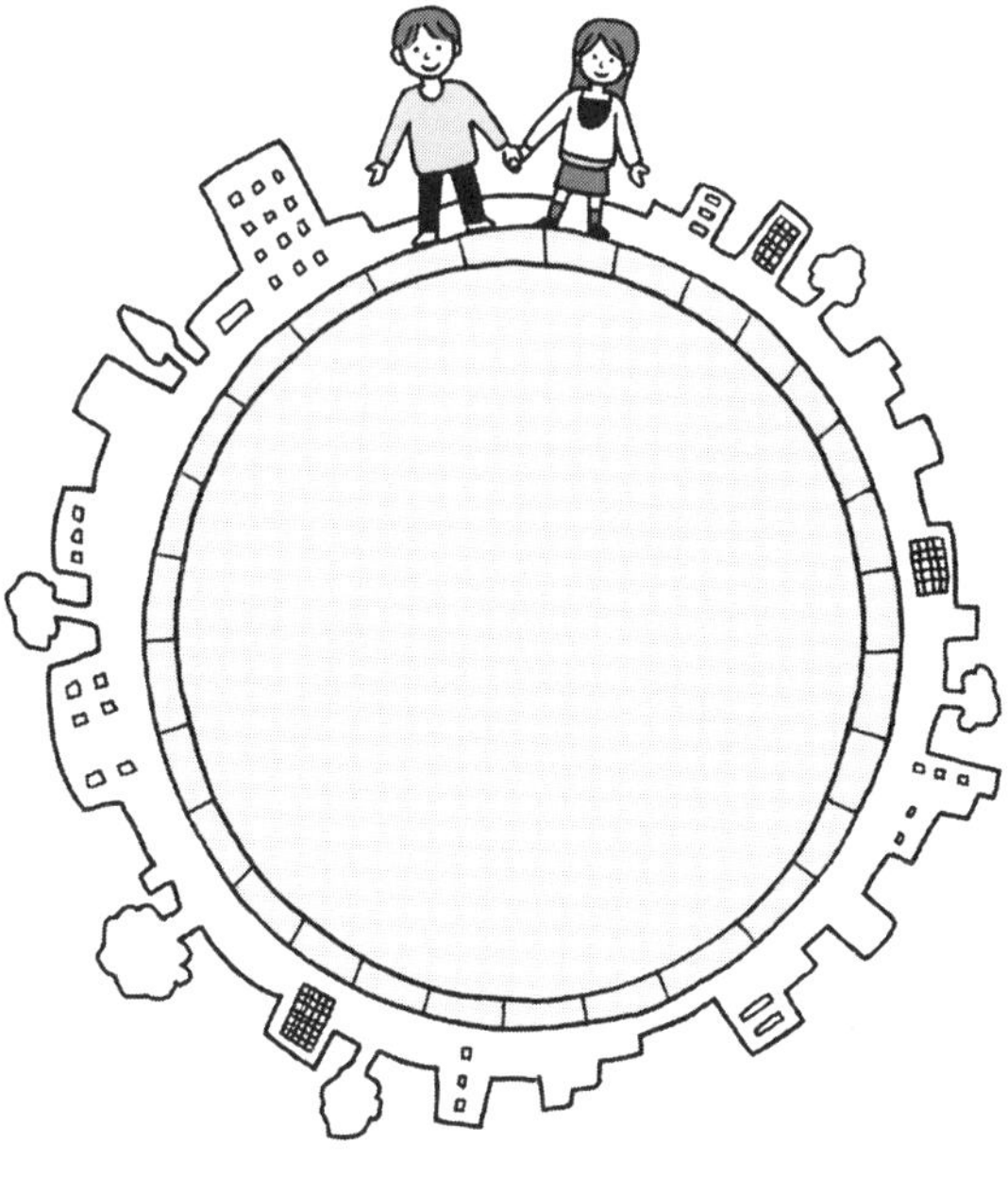

つくり手と私

最近、道の駅（二〇一四年現在、全国で約一〇四〇カ所）に代表される農産物の直売所が人気です。といっても、この本の読者である中学生や高校生は、自分からはあまり出かけないかもしれませんね。

僕は連れ合いとドライブがてら出かけた先でよく立ち寄ります。休憩所を兼ねているところも多いし、地元で取れた野菜や果物、手づくりの加工食品、鉢植えや種苗などが置いてあったり、食べ物の屋台やレストランもあったりして楽しいのです。それで、お店を冷かしながらあれこれと吟味し、気に入った品物があれば買って帰ります。

こういった直売所は、いま全国でどんどん数を増やしていて、とってもユニークな名前がついているところもたくさんあるようです。

お笑いの本場大阪も負けてはいられないというところなのでしょうか、僕がよく行く直売所の中にも、「こーたり〜な（「買ってあげて」の意）」とか「あすかてくるで（「明日も来るよ」の意)」など、大阪らしいネーミングでがんばっているところが何カ所もあります。

直売所の商品は、ほとんどが地元で栽培されたり加工されたりしたもので、野菜など、切り口を見ると新鮮そのもの！　それが考えられないくらい安く売られていたりするのですから、嬉しくなってついつい買いすぎてしまいます。家計にも胃袋にもやさしい直売所が、各地で人気なのもうなずけます。

商品には産地はもちろん、ときには生産者の名前が書かれていたり、顔写真まで貼られていることもあります。そのため、つい、「この間、露口さんのみかんおいしかったけど、今日もあるやろか」などと言いながら、まるで知り合いから譲ってもらうような感覚でお目当ての品物を探したり、家に帰ってからも、「井上さんは枝豆もおいしかったけど、大根も上手につくらはるなあ。土づくりとかも気合いがはいってるんやろうね」と言いながら食べたり、いつの間にか、一度もお会いしたこともないつくり手のことを友だちのような感覚で話題にしていたり、さらには商品をつくる過程まで見て知っているような気分になってくるからおもしろいものです。

手づくり市やデパートの物産展などだと、つくり手が直接販売に来ていることも多く、商品をもっと身近に感じることができる場合もあります。僕は、そんな場所で何人かのつくり手と知り合いになりました。秋田県の漆器《しっき》職人Sさんもその中のひとりです。

ある年、デパートの物産展をぶらぶらしていると、漆《うるし》の器を並べたブースが目に留まりました。どの器も形がシンプル、使いやすそうで、実に僕好みに見えたので目がいったのですが、漆器の割には値段が安く、思わず、「これ、本物?」とたずねてしまいました。僕の失礼な発言にもかかわらず、ブースにいた職人のSさんは怒るどころか、むしろ嬉々とした表情で自分たちのつくっている漆器について語り始めます。

話を聞いていると、目の前にある漆器が完成するまでの道のりは、僕が想像していたよりもはるかに大変なのがわかりました。地域によっても違いはあるでしょうが、工程も多く、大勢の職人が関わって、手間暇かけてやっと出来上がるということでした。効率重視になりがちな今の日本のものづくりのあり方とは対極にある仕事です。

実際に触ってみると、手になじむ感触がなんとも心地よく、ぜひ使ってみたいという気持ちになります。日常での扱いは、コツをつかめば思うより大変ではなさそうでしたが、Sさんに言わせると、食洗機《しょくせんき》で洗えないことや、プラスチック製品に比べると単価が高いことがネックになって需要が減っているとのことでした。

だから漆器職人は生活が苦しく、生活費を補うために、秋田県から来ているSさんは、冬には雪下ろしのアルバイトをするんだ、なんて話もしてくれました。それでも、さまざまな工夫をして値段を低く抑え、多くの人に使ってもらいたいと、こうした物産展にブースを出し、販路拡大の努力をしているのだそうです。

その話しぶりに、仕事には本当に誇りを持っていることがわかりました。決して「売るため」に話しているのではないことも。むしろ、「納得して」あるいは「納得した人にだけ」買ってもらい、大切に使ってほしいと思っていることが伝わってきました。

一時間あまりも話を聞いていたでしょうか。彼の話を聞きながら、僕は、「生活は大変そうだけど、なんだかうらやましいな」と感じ始めていました。そして何とも楽しい気持ちになってきて、何か買わせてもらおうと思い、箸《はし》を二膳買って帰りました。以来、毎日使っています。

すると不思議なことに、ご飯の際、その箸を持つたびに、デパートで漆器の魅力を語ってくれたSさんの顔が思い浮かんでくるのです。冬になると、いまごろは雪下ろしのアルバイトをしているのかな、などと考えるようになりました。そして、春になってそのSさんが大阪のデパートに来るたびに訪ねるようになり、今ではすっかりいい友だちです。

そんなふうにして、いままで何人かの職人さん、そして陶芸やガラスの作家さんたちと知り合いになりました。おもしろいことに、どの人もいったん仕事の話を始めたら止まらないという共通点があります。会うのは年に一度か二度なのですが、気がつくと、あっというまに一～二時間経っています。

どの職人さんも、自らつくるものの魅力を熱く語ります。しかし、「仕事が楽しくて仕方ない」から話が止まらないのかというとそうでもなく、聞いていると「楽しくない話」や「辛い話」もいっぱい出てきます。

しかし、最終的には「仕事が好き！」に集約されていくのです。楽しくないこともあるし、辛いこともあるけれど、それらをひっくるめて今の仕事が好き、だからたくさんの人に知ってほしい、使ってほしいとなるようです。

とにかく「一生懸命」なんですね。ものすごく思いがこもっているから、興味を持ってくれる人が現れたら、自分の工夫や苦労を話したくなる、考えたら当たり前のことかもしれません。働くことの意味を改めて考えさせられるような体験をさせてもらっているなと思います。

彼らがつくった物を手にすると、品物がいいからなのか、それともつくり手の顔が見えるからなのか、スーパーなどで買ってきたものを使ったり食べたりするときには感じない、何か「力のようなもの」を感じるようになりました。「えーっ、ほんと?」「なにそれ!」って思います? それとも「わかるわかる」と共感してくれる人もいるでしょうか。実際にそれを言葉にするのは難しいのですが、あえて言うなら「つながっている」とか「参加している」という感覚でしょうか。

顔が見えても見えなくても、つくり手と買い手であることに変わりはないのですが、顔の見える関係にあることで、値段だけではない、出来栄えだけではない「何か」が双方の間に生まれている、そんな気がします。「品物に心がついてきている」とか、「品物を間に挟んで、つくり手と買い手でありがとうを言い合っている」とでも言えばいいでしょうか。ちょっと嬉しい感覚なんですね。

考えてみれば、たとえつくり手の顔が見えないものであっても、誰かが苦労してつくってくれていることに変わりはないのだから、そのことに感謝すべきだとは思います。けれどやっぱり知っているか知らないかで感じ方が違ってきます。

「おじいちゃんがつくったお米」とか、「親戚のおばさんがつくったトマト」をもらって食べた経験のある人はいませんか？　食べる前から「どんな味だろう」とか「今年のできはどうだろう」と期待が膨らむし、実際に口に入れてからも、ひと口ひと口しっかり味わいながら食べていると、つくっているときの様子が自然と思い浮かんできますよね。

知り合いになるというのは、相手の思いがわかるということであると同時に、相手の生活もある程度見えてくるということです。

手づくりのプレゼントが特別なのは、自分のために大変な労力をかけてくれた相手の人の気持ちが伝わるからです。同じように、使い手のことを思いながら一生懸命つくってくれている姿が見えてくると、どの品物もいい加減には扱えなくなります。そして、

「少しでも安く買いたい」「安ければなんでもいい」などという発想はどこかに消えていってしまいます。

隣の家の冷蔵庫から黙って醤油を借りられる関係

みなさんは、岐阜県にある郡上八幡《ぐじょうはちまん》という町をご存知でしょうか。行ったことがある人もいるかもしれませんね。

日本三大盆おどりの一つ「郡上おどり」で有名な町です。毎年夏に三二夜連続で行われるこのおどり(そのうち四日間は、なんと徹夜おどり)は、四〇〇年にわたって歌いおどり続けられてきました。

吉田川という、とてもとてもきれいな川が町の真ん中を流れていて、夏には子どもたちが川遊びをし、飛び切りおいしいアユが取れることで名高い場所です。また、古い城下町のたたずまいを今に残し、国の重要伝統的建造物群保存地区に指定されている地域でもあります。家の裏や家と家の間には、人ひとりがやっと通れるほどの細い路地が張り巡らされ、どの家からも直接、川に抜けられるような作りになっています。

郡上八幡に、夏の暑い季節に訪れたことがあります。景色の素晴らしさはもちろんのこと、川の水のきれいさに目を奪われ、手を浸した際のひんやりとした冷たさに、日々の慌ただしさや夏の暑さをしばし忘れました。そんな川で子どもたちが楽しそうに遊んでいる様子に、時間の流れまでがゆったりとしていくようでした。僕はしみじみ、ほんとにいいところだなあと思いました。

そんな経験があったからでしょうか、ある日、テレビの番組欄で郡上八幡の名前を見つけたとき、おもわずチャンネルを合わせていました。旅先で見た風景が再び画面に映し出されます。懐かしさに浸っていたちょうどそのとき、生まれてからずっと地元で暮らしているというおじさんが、次のような話をされました。

「子どものころは、よく家の裏の路地で鬼ごっこやかくれんぼなんかしました。子どもはみんな村の子どもやから、どこの家でご飯食べても良かったんです。ボクもよその家でしょっちゅう食べてました。そんなんやから、いまでもね、ご飯食べてるときに醤《しょう》油《ゆ》がなくなったら、裏から隣の家に回って醤油借りに行くんです。家に誰もおらんかっても、勝手に冷蔵庫開けて醤油を借りてきます。ここはそういうことのできる村です。ええとこですよ」

テレビで聞いただけで、とくにメモをとったわけでもないので、かなりあやふやな再現になっていますが、醤油を勝手に借りてくるエピソードのところは間違っていないと思います。ものすごく衝撃的だったのと、その話をしているおじさんの顔が、とても誇らしげだったのが印象的だったからです。

本当にびっくりしました。僕が今住んでいるマンションでは考えられない話です。たとえ知人であっても、黙って家に入ってきて、勝手に冷蔵庫から醤油を持っていくなど、想像すらできません。第一、家を留守にするときは必ず鍵をかけるので、勝手に誰かが入るなんて、泥棒でもない限りありえないことです。

でも、落ち着いて考えてみると、おじさんが住む郡上八幡の村はそれだけ平和で、その村に暮らす人たちは、信頼関係のある隣人に囲まれているということなんですね。おじさんが誇らしげな顔をするのもうなずけます。そんな村に住めたらいいだろうなと僕は思いました。

えっ？　そんな近すぎる関係は苦手ですって？　たしかにそういう面もあるでしょうね。もとから住んでいるならともかく、後から入っていくのには少々勇気が必要かもしれません。でも、もしリストラされるようなことがあっても、近所の人たちの援助でしばらくはなんとかやっていけそうだし、たとえ認知症になっても、やさしく見守ってくれそうで、安心して暮らし続けられそうな気がしませんか。

たぶん、日本でも世界でも、隣の家の冷蔵庫から黙って醬油を借りてこられるような地域は、探せばまだまだ残っていると思います。地域でなくても、最近注目され始めたシェアハウスなんかだったら、黙って醬油を借りられる関係が都市部の中でも復活しているかもしれません。でも、家に鍵をかけない地域は、時代とともにどんどん減っているのもまた確かなことだろうと思います。僕の両親が住んでいる地域も、昔は出かけるときでさえ誰も家に鍵なんかかけませんでしたが、今では、中に人がいるときでもしっかり鍵をかけています。

この変化は何を意味するのでしょう。「所有」と「シェア」という二つのキーワードで考えてみたいと思います。

お金を間に入れるか入れないかを決めるのは自分

ここでちょっと質問です。

質問① あなたの家の冷蔵庫の醤油は、「あなたのもの」ですか?

ひとり暮らしの人の答えは、「そうです。私のものです」になるでしょうか。家族と住んでいる人の場合、「家族のものです」になるケースが多いと思われます。問題は、「醤油は冷蔵庫に入れない」というケースですね(笑)。その場合は、「冷蔵庫の」を無視して考えてください。(もしかしたら、「家に醤油がない」という人もいますか? その場合は、ソースでもマヨネーズでもわさびでも、適当なもので考えてくださいね。)

「醤油は家族のものです」という答えの場合、醤油は家族で「シェア(共有)」されているということになります。誰に断ることもなく、いつ使ってもいいものだということですね。ただし、みんなの共有財産ですから、使いすぎたり、無駄使いしたりしないように気をつけるのは言うまでもなく、残り少なくなってきたら、自分で買ってきて補充したり、少なくなったことを誰かに報告する義務も負います。

郡上八幡のおじさんに言わせると、自分の家の冷蔵庫の醤油は「隣近所なら誰でも使っていい」ということですから、「郡上八幡では醤油をシェアするメンバーが、普通よりも多い」と定義づけることができますね。

では、「醤油」以外ならどうなるでしょう。ここで、もう一つあなたに質問です。

質問② あなたの家の冷蔵庫に入っているもので、家族でシェアしていないものは何ですか？　(注)これは、冷蔵庫はみんなで使っているけれど、その中身に「共有」ではなく、「個人所有」のものが混じっているとしたら、それは何かという質問です。

お父さんの缶ビールとか、お姉ちゃんのチョコレートとか、僕のジュースとか、まあ、いろいろ入っているんじゃないでしょうか。どれも、勝手に食べたり飲んだりしたら厄《やっ》介《かい》なことが起こりそうですね。それらはすべて、「個人の所有物」だとみんなで了解し合っているモノたちです。

冷蔵庫の中身は、賞味期限が割と短いものが多いですが、家の中には長期間にわたって使用されるものもたくさんあります。家の中のものを、「家族でシェアしているもの」と、「個人所有のもの」という見方で分類するとどうなるでしょう?

服とか靴は「個人所有」のものが多いですか? 「服なら共有のものもあるよ」という人もいるかもしれません。バスタオルなんかは家によって分かれそうですね。

ベッドなど家具類はどうでしょう。自分のものもあれば共有のものもあるでしょうか。もしかしたら、今は自分のものだけど、将来的には他の人のものになる予定という場合もあるかもしれません。

部屋など、今は「自分の部屋」と呼んでいても、一〇年後、二〇年後も「自分の部屋」かというと……、正直、そうだとは言い切れないのではないでしょうか。そのように見ていくと、曖昧《あいまい》なもの、微妙なものもいっぱい出てきそうですね。

では、お金はどうでしょうか？

小遣いは「自分のもの」ですか？　家計費はどうでしょう？　みんなのお金ですか、それとも親のお金ですか？　買い物についていったら、アイスクリームを買ってもらったという場合、そのお金はどこから出ていますか？　親の小遣いからですか？　家計費からですか？　区別していない家も多いかもしれません。

一緒に生活すると、みんなで使っている、すなわち「シェア」している部分がいっぱい出てきます。もしかしたら「家族の一体感」は、この「シェアする感覚」から生まれてきているのかもしれませんね。みなさんはどう思いますか？

家族以外でも、小さい子どもがいる家庭同士なら、着る物やベビー用品などを融通し合ったりすることがよくあります。みなさんもクラスで鉛筆や消しゴムを貸し合いっこしませんか？　そのとき、お金を要求したりなんかしませんよね。あくまで「シェア」しているんですね。

見ていると、譲り合いや貸し合いをしている人たちは基本的に仲がいいです。というか、仲が良くなければそんなことはしないですね。仲がいいから貸すのか、貸してるうちに仲が良くなるのか、どっちが先でどっちが後なんでしょう。鶏と卵の話みたいになってしまいますね。

僕の両親は近所の農家からよく野菜を頂きます。食べきれないときは僕たちに分けてくれます。連れ合いの両親もしょっちゅう「○○さんから△△を貰った」「□□さんから▽▽を頂いた」と言っては、僕たちにおすそ分けしてくれます。そこでは一切お金は動きません。もののやり取りはするけれど、お金を間に挟まないのです。気をつけて観察すれば、みなさんの周りにも、そんな関係はいっぱいあると思います。ちょっと気持ちいい関係ですよね。その究極の姿のひとつが郡上八幡なのでしょう。

僕たちは、モノを消費せずに生活することはできませんが、そのすべてをお金を出して買っているわけではありません。ついつい、「消費」＝「お金を使うこと」と考えてしまいがちですが、そうとは限らないんですね。お金を使わない消費もあるのです。

知り合いの友だちに、ひとり暮らしをするとき、冷蔵庫、洗濯機、電子レンジ、タンスなど、買うとお金のかかる大きなものやちょっとした生活用品は、ほとんどをひとにもらったという人がいました。それも、老若男女いろんな人からです。少し型は古いけど十分に使えるものばかりで、なかには新品に近いものもあったといいます。おかげで、その人はほとんどお金をかけることなく新生活が始められ、「あんまり給料が高くないから助かった〜」と大喜びしていたそうです。

その人は、素直に「助けて」や「手伝って」が言える人で、誰かが手を差し伸べてくれたら、さわやかな笑顔で「ありがとう」と感謝するような人なんだそうです。そしてもちろん、誰かが「助けて」や「手伝って」のサインを示せば、まず体が動き出すといいます。誰かに何かを譲ってもらうときも、本当に嬉しそうな顔をするんだろうなと思いました。たぶん、「シェア」の基本はお互いの状況を想像できる人間関係がそこにあるかどうかなんでしょうね。

私はワタシのものなのか

「シェア」するときはモノに値段はつきません。使うたびに使用料を払ったり、食べるたびに代金を払うんなら、それは「シェア」になりません。たいてい誰かのものではあるんだけど、「シェア」の場合は「所有関係」がちょっと曖昧なんですね。逆に言うと、モノに値段がつく場合は、「所有関係」がはっきりしているということです。「所有権」の移転を「金銭」の移動によってはっきりさせているわけです。

でも、そもそも「所有」とはどういうことなのでしょう。少し根本的なところから考えてみましょう。

「所有」という感覚の一番ベースにあるものは何でしょう？ 自分だけのもの、自分に属するもの、ひとに譲れないもの……。よく考えてみてください。「所有」という感覚の一番根っこにあるものです。

持ち物でも何でも、誰かがやってきて無理やりに取り上げたら、それはもう自分のものではなくなってしまいますよね。どこまでいっても自分自身のものだと言えるもの、何もかもはぎ取ってもまだ残るもの……。

「わかった！ 私自身の身体だ！」と答える人が多いかもしれませんね。「自分は自分の主人公である」とか、「自分のからだを所有しているのは自分である」という感覚を持っている人は多いと思います。これが「所有」の一番ベースにある感覚のひとつだと考えてよさそうです。
そこで、またまたあなたに質問です。

質問③ あなたは自分のからだは自分のもの、自分の「所有物」だと考えますか？

「そんなの当たり前じゃないか。自分のからだは自分のものに決まっている。何をバカな質問をしているのだ」というのが現代社会の模範回答でしょう。

でも、授業で次のような「雑談」をすると、「そうとも言えないかもしれない」と考える生徒も出てきます。

雑談その①

人間のからだは約六〇兆個の細胞でできているそうです。でも、人間の腸の中には平均一〇〇兆個くらいの細菌が住んでいて、その微生物たちが健康的に生活していてくれることで、人間のからだに必要な栄養がつくられたり、消化吸収がうまくいったり、病原菌などの侵入を防げたりできるのだそうです。世界の総人口が数十億人ですから、一〇〇兆といえば大変な数の命です。僕たちの腸は腸内細菌にとってはひとつの世界というか、宇宙といってもいいでしょう。僕たちのからだは彼らの住処《すみか》、彼らの世界、すなわち「彼らのもの」と表現することができるかもしれません。

雑談その②

古くなったものを捨て、新しいものと入れ替える、これを四字熟語で「新陳代謝」といいます。テストに出すので覚えておいてください。

ところで、人間のからだをつくっている物質も常に入れ替わっているそうで、ある学者によれば、一番長く留まるものでも三年だといいます。ということは、たとえばここに三年前の自分の写真があるとして、その写真に写っている自分をつくっていた物質は、何ひとつ今の自分の中に残っていないということになります。僕ぐらいの年齢になると、三年前の自分も今の自分も、見かけ上はほとんど変わらないのですが、全く別の物質でできている別物ということになります。これを親父ギャグでは〝別人28号〟と言います。

ちょっと、急には信じられないというか、ある意味、気持ち悪い話ですね。

でも、注目しなければいけないのは、からだをつくり変えるための材料はすべて食べ物からきているということです。三年間、どんなものを食べるのか、からだをつくる材料として何を取り入れるのか、それによって三年後の自分の姿が変わってくるということです。

そして、その食べ物はというと、基本的には他の生物です。僕たちは動物ですから、他の生き物を食べることによってしか生きられません。つまり命の循環ですね。昨日まで他の命の一部だったものが、今日の自分を形づくっている。つまり、「自分」とは独立した存在でもなければ、自己完結した存在でもないということです。健康も、自分だけの問題のように見えるけれど、実際には他の命の健康と切り離して考えることなどできないのです。「健康とは環境問題のことである」と言ってる人もいるようですよ。

どうでしょう。みなさんはこの雑談を読んで、どんな感想を持ちますか？　僕は、「自分のからだを所有しているのは自分だ」とは言い切れないと考えています。自分のからだでさえ「自分のもの」とは言い切れないなら、服や家や車が自分のものだと言えるかというと、当然「そうではない」ということになります。ちょっと大胆な考え方でしょうか？　みなさんも、ぜひ、一度じっくりと考えてみてください。

全体の一部としてのワタシ

命も物質も、大きな大きな循環の中で考えると、「一時的にその姿を取っている」にすぎないということなのです。本当に大きな循環の中で考えると、命と物質の区別さえなくなります。僕たちは、ついつい何かを「所有」しているかのような気分になってしまいますが、それは一時的な「気分」にすぎません。「循環」の中で考えると、「自分とは何か」ということでさえはっきりと定義することが難しいからです。

「所有」は、文明の発達とともにつくられた、抽象的な「概念」のひとつだと言ってもいいでしょう。言い換えれば、人間の頭の中だけに存在する感覚だということです。

でも、現実に僕たちが社会生活を営むうえでは「便利」な概念だし、現代社会では「必要」な感覚にもなっています。しかし、それは、あくまで「便宜上」の概念であり、命の「本質」ではありません。そういう感性を持っていることも大切なことなのではないかと思います。

僕たちの「所有」の感覚が、「お金」の存在によって、より強固なものにされているのは間違いないでしょう。いま、日本でも世界でも、サービス産業の比率がどんどん高くなってきています。洗濯、掃除、日常食、介護など、以前は職業としての成立が難しかったものも、今では立派に産業の一翼を担っています。職業として成立するものが増えているということは、「お金」に換算できるものが増えているということです。

「お金」に換算して考える癖がつくと、つい、なんでも「所有」しているように勘違いしてしまいやすくなります。いい例が「土地」でしょう。地球の上に勝手に線を引いて、「ここは俺のものだ！」と威張っているのがいまの人間です。そして、その土地の値段が上がったとか下がったと言っては、一喜一憂しています。

同じ土地には、草や昆虫や小動物をはじめ、いろんな生き物が生活しています。彼らから見たら、僕たちのやっていることはさぞかし変なことに見えるに違いありません。

僕たちが、歴史を勉強しているときに、「昔の人は変わったことをしていたんだなぁ」と考えることがあるように、もしかしたら、一〇〇〇年先の人から見れば、今の人類はとても変なことをしているのかもしれません。

「所有」だと考えると、とたんに我々の視野は狭くなります。自分が「得をするか」とか、「損をするか」というようなことばかり考えて、社会全体の利益になるか、それとも環境破壊などを起こして不利益になるか、などということにまで気がまわらなくなります。

ところで、みなさんは川や山が誰のものか知っていますか？　日本の場合、基本的に川は国や自治体などが管理する、いわゆる共有財産で、山には、個人の場合も団体の場合もありますが、基本的に所有者や管理者がいるのだそうです。

日本は世界的に見て、水に恵まれた国です。それでも、夏になると水不足が心配されるとか、実際に水不足になって取水制限が始まったなどのニュースを耳にします。川の水は、飲料水や生活用水としてだけでなく、農業用水や工業用水としても大変貴重で、なくてはならないものですから、少し不足するだけで大きなニュースになるのですね。

その川の水も、一時、家庭排水や工場排水で汚染が進み、大きな環境問題になっていた時期がありました。それが、大勢の人の地道な努力によって、今では大幅に改善されてきました。とてもありがたいことです。

一方、山はどうでしょうか？　林業の衰退もあって、山はとても荒れていると言われています。言葉としては、木材資源を生産する場としての山が荒れているという意味が中心ですが、宅地開発や過剰な土砂の採取で山そのものがなくなっていったり、廃棄物で土壌汚染が進んでいたり、という意味もあります。山は誰かの所有物だったり、管理者がいるので、有名な所は別にして、あまり「みんなで何とかする」という話にはなりません。「山」が「儲《もう》け」につながらなくなれば、誰も手を入れなくなり、どんどん荒れてゆきます。また、「山」としては荒れてゆく方向であっても、それが儲けにつながれば「利用」が進みます。

昔は、里山や川は地域に恵みをもたらしてくれる「共有財産」と認識されていることが多く、人々は、大切に大切にその維持管理に努めてきました。山や川を荒らすような勝手な振る舞いは許されませんでした。日本の山や川が近年まで豊かだったのは、そういう地道な努力があったからです。

山は荒れても、せめて川が無事で良かったと言いたいところなんですが、よく考えてみると、川の水は山でつくられています。山に降った水が集まることで川ができてゆくのですから、山が荒れれば川もただでは済みません。でも、山は誰かしらの所有物ですから、その「荒れ」を防ぐのはとても難しい、そういう状況が続いています。日本の「良質の水」を求めて、外国資本が「山」を買い占める動きがあるという報道もありました。日本の川がこれからどうなっていくのか、少し心配です。

日本だけではありません。地球全体の環境問題も喫緊《きっきん》の課題になってきています。ものを「所有」することによって「儲ける」という発想で突き進んできた結果、地球環境は限界に近づいてしまっているのです。

でも、世の中を大きな循環だととらえ、どんなものでも「一時的に借りているだけだ」と考えると見え方が変わってきます。服でもカバンでも車でも家でも毎日食べる食品でも、さらには自分自身の命でさえ、ありがたく受け取って大事に使い、次のところにきちんと渡さなければという発想が出てきます。長い目で見れば、それが一番自分にとって「得」なことだし、全体の利益にもかないます。

本当は、生物学的に見ても社会的に見ても、「ひとりだけの幸せ」はあり得ません。地球に生まれた命の一部として、また、人間社会の一員として、僕たちはずっと「シェア」してきたのだし、「シェア」する以外に生きる方法はないのです。すなわち、「ひとの幸福」は「自分の幸福」であり、「共に豊かになる」ことでしか、自分を豊かにすることはできないということです。

最近、若い人を中心に、ボランティア、リサイクル、譲り合い、シェアハウスなど、「共有」や「シェア」という言葉につながる動きが活発に見られるようになりました。これから時代の進行とともに、まだまだ新しい「共有」の形が生まれてくる気がします。

少子高齢化、人口減少、産業構造の変化、経済のマイナス成長……、僕たちは、これまで誰も経験したことのない社会に突入してゆこうとしています。僕たちは、まぎれもなく時代の転換点に立っています。今ほど、従来の発想にとらわれない、新しいアイデアが求められている時代はないでしょう。若い人たちへの期待は増すばかりです。

「シアワセ」を真ん中において、お金の使い方を考える

もうみなさんには僕が何を言いたいかおわかりですよね。同じお金を使うのなら、「所有」のためではなく、「シェア」のために使おうということです。

「シェア」＝「共有」といっても、なにも持っているお金をみんなで分け合おうと言ってるわけではありません。同じお金を使うなら、自分の住んでいる環境を少しでもよくする方向で使いませんかという提案です。

「お金を使う」ことを、「投票行動」だと言う人がいます。この言葉を聞いたことはありませんか？　「社会への投資」だという人もいます。それは、消費者がどんなものにお金を使うかで未来の社会のあり方は変わってくる、だから「社会をいい方向に向かわせるお金の使い方を心がけよう」という呼びかけです。

何かに対してお金を払うとき、「なんとなく」選ぶのではなく、その品物がどういうふうにつくられたかとか、どういう思いが詰まっているかとか、それを買うことがどう

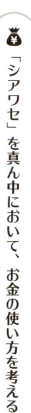

いう結果につながるかなどを考え、「自分なりの理由」を持って選ぼうということです。

世の中には、良心的な企業がたくさんありますし、一生懸命ものをつくっている人や、一生懸命サービスをしている人もたくさんいます。一人でも多くの消費者がそのようなところから買うように心がければ、良い仕事をしているところの業績が伸び、自分の儲けのことばかり考えて消費者を食い物にしているところは自然に淘汰《とうた》されていきます。結果として、より安全で住みやすい世の中に近づいてゆくということです。

「投票行動」は消費だけに留まりません。寄付をする、ボランティアをする、ものをあげる、手助けをする等々、お金を介する介さないにかかわらず、大きな目で見ればそれらはすべて経済行為ですし、投票行動です。一人ひとりの行動が世の中をつくっていくのです。

4時間目のところでも触れましたが、それは、「生きたお金を使う」と表現することもできます。最近はあまり耳にしなくなりましたが、僕が小さい頃はこの言葉を使っている人がたくさんいました。そのせいか、いまでも強く印象に残っています。おとなから、「生きたお金の使い方をしなさい」と言われることも多かったですし、おとな同士が「生きたお金の使い方」になっているかどうかを議論しているのを聞いたことが何度もあります。

最近は、お金を「うまく」使う方法がむしろよく話題になります。高価なものを安く手に入れると「うまく」使ったということになります。その場合、どれだけ「安い」かがポイントです。結局、それはどれだけ「儲かったか」「得をしたか」ということであり、「自分限定」の経済行為、しょせんは「所有」の話にすぎません。

「生きたお金」は、「同じ金額を使うなら、できるだけ多くの人の役に立つように使う」ということであり、同じ金額でどれだけ他の人を潤すことができたかということがポイントになります。つまり「他の人」や「社会」への貢献度が、鍵になるのです。

例えば、同じジュースを買うのでも、CMに莫大な金額を使っている大手チェーンのA店のものではなく、地元の果物を使ってつくっているB店のものを買う、というようなことです。同じ金額設定のジュースであれば、その売り上げから得られる利益は、A店もB店もあまり変わらないかもしれませんが、ジュースの利益がもたらす価値は、A店とB店では全く違います。

この場合のポイントはもちろん「地元」です。地元とは、自分が暮らしている地域のことですね。地域に元気な店や人が多ければ、それだけ活気あふれた町となり、暮らしやすくなります。住民としては、できるだけ地元に利益を還元する方向で消費するのが、結局は自分の利益にもつながるのです。「地元の果物」なら、果物の生産者へも農協へもジュース屋さんへも、確実に利益をもたらします。そして、そこに雇用が生まれ、経済が循環します。おまけに、全国展開の大手チェーンと違って、輸送にコストもエネルギーもかかりません。輸送の際に排出されるCO_2の削減にまで貢献することになるのです。

これは、いま世界で広がりつつある「フェアトレード」にも通じる考え方だと思います。フェアトレードは、直訳すると「公平な貿易」という意味になります。経済的にも、社会的にも弱い立場になりがちな開発途上国の原料や製品を適正な価格で、かつ継続的に購入することで、生産にかかわる労働者の生活の改善等を目指す貿易のしくみを言います。

グローバル化が進んでいる今の世界では、とても不公平な貿易慣行がまかり通っていることが多く、産地の人は、原料や製品を安く買いたたかれ、貧困状態から抜け出せなくなっているケースが多くあります。

今、輸入される原料や製品の中にはものすごく安いものがたくさんありますが、それは低賃金の労働者やときには児童労働に支えられてはじめて成り立つ価格設定でしかなく、輸入に関わっている大企業は莫大《ばくだい》な利益を上げているかもしれないけれど、現地で働いている人たちは、働いても働いても貧困状況から抜け出せない、などという場合が多くあります。

フェアトレードの考え方は、「現地の人たちにきちんと労働に見合うだけの賃金を払おう、その分はきちんと価格に反映させよう」という考え方なんですね。実に当たり前のことが当たり前でないのが、問題なのです。もし自分が現地の子どもで、学校にも行けず、毎日毎日苛酷な労働に従事させられていたら……と想像するのは難しいでしょうか？

フェアトレードの考え方に賛同できる人は、チョコレートやシャツを買うときに、ぜひ候補のひとつに入れてみてはと思います。フェアトレードを名乗っていかがわしい商売をしている人たちもいるようですが、今はたいていのことはインターネットなどで調べることができます。興味のある人はぜひ調べてみてください。

でも、自分の近くにも、見えていないだけでいろんなことがあると思います。普段、みなさんはどんなお店で買い物をしているでしょう。家族や友だちと外食するとき、どんな基準でお店を選ぶでしょう。最近は、有名な店や大型店舗で買い物をし、全国展開しているチェーン店で食事をする人が増えているのかなと思います。

いつも通る道でもいいし、たまには普段と歩くルートを変えてみるのもいいと思いますが、自分の町を改めて探検してみるというのはどうでしょう。あなたの町には、シャッター通りになりかけている商店街はないですか。シャッターが降りてしまったところは、以前は何のお店だったのでしょう。どんな人が暮らしていたのでしょう。それとも、店は閉めてしまっていても、まだ、シャッターの奥で生活は続いているのでしょうか。

じっくり町を眺めながら歩いていると、おじいちゃんとおばあちゃんで細々とやっている定食屋さんなんかが見つかるかもしれません。そんな店に入ったことはありますか？　普段は大手のファミレスやファストフードにしか行かないという人も、一度そんな店を覗《のぞ》いてみてはどうでしょう。長くお店を続けているということは、それだけ支持する人がいるということです。もしかしたら隠れた名店かもしれません。

町の本屋さんもどんどん少なくなっているようです。ネット注文で済ませたり、大型店でしか買わない人が多いのでしょうね。八百屋さん、果物屋さん、魚屋さん、和菓子屋さん、文具屋さん等々、小規模でやっているお店もどんどん少なくなってきています。

いつのまにか、車を持っている人、インターネットを使いこなせる人、気軽に出かけられる元気な人だけが、便利さや安さを享受できるような世の中になってしまったのです。お年寄りや障がいを持っている人の中には、時代の変化についてゆけず、黙って生活の不便を我慢している人もたくさんいることだろうと思います。

読者のみなさんの多くは「若い」から、「時代の最先端」についてゆくのは「楽しい」でしょうし「簡単」ですよね。だから、困っている高齢者の人たちや障がいを持っている人のことは、「かわいそう」とか「大変そう」だとは思っても、どこか「他人事」になってしまいがちではないでしょうか。

でも、衝撃の事実を告白すると、僕も若い頃は時代の最先端を生きていましたが、五〇代後半に入った今、時代の変化にはほとんどついていけてません。たぶん、あと一〇年もすれば、まったく置いてけぼりになるのではないかと思います。

えっ、それのどこが「衝撃の事実」なのかって？　そんなふうに考える人は、自分も歳をとることを忘れていませんか？　時代が変化するスピードはどんどん速くなっています。あなたはその変化に何歳頃までついてゆけるでしょう。僕のように五〇代半ばまではなんとか大丈夫でしょうか？　それとも、最近は変化が速い分、四〇代で「もう無理」となってしまうでしょうか。

平均寿命が八〇歳だとか、九〇歳だとか言われている時代に、こんなにたくさん時代についていけない人が量産されているなら、それはとても「成功」したやり方だとは言えないと思います。

世の中には、小さな子どももいれば、高齢者もいます。妊婦さんや赤ちゃん連れの人もいます。車いすの人も病気を抱えながら働いている人も、目の不自由な人も、耳が聞こえない人も、文字を読めない人もいます。今は健康だと感じている人も、病気になったり障がいを得ることがあります。それは不幸なことでしょうか？

いえいえ、すべては命の「一状態」に過ぎません。命としてこの世にある限り、いろんな状態になる可能性は常にあります。だから、いろいろな状況になること自体は不幸でも何でもありません。そうではなくて、先ほど例に挙げたような、いわゆる「弱者」と呼ばれる人たちが、社会で活躍の場を奪われていることこそ「不幸」と呼ぶべきなのです。時には、当たり前に生活する場まで奪われている場合さえあります。それは、本人にとってだけでなく、社会にとっての不幸でもあります。

逆に、誰がどんな状態になっても、その人の持っている「力」を最大限に発揮してもらえたら、それが本人にとっても社会にとっても最大の「利益」であるのは、少し考えればわかると思います。誰にとっても暮らしやすい世の中とは、そこに暮らす一人ひとりの人が、自分の持っている力を十分に発揮できる社会のことです。それは、社会が最も活力に満ちている状態です。自分の住んでいる社会がそんな状態であれば、この先、自分自身に何が起こっても安心して生きてゆけます。いつ、どんな状態になっても、「生きてゆこう！」という希望が持てるからです。

「自分はどんな世の中で生きていきたいか」という視点で考えてゆけば、どういう行動を取るのがいいか、自然と見えてきます。中でも、投票行動である買い物は、かなり大きなウェイトを占めます。新しい服を買うのをやめて友だちと服を交換するのも、フェアトレードの商品を買うのも、地元の店で買い物するのも、すべてそういった投票行動のひとつです。みんなの行動のひとつひとつが、社会の今後のあり方を決めていくのです。

世の中のことを考えながら行動すると、自分のやっていることに意味が出てきます。自分の行動に意味が見えてくれば、お金の使い方も自然に決まってくると思います。もし、あなたの地元に応援したいお店があれば、みんなに呼びかけて盛り立ててゆきましょう。そのとき、それは単純に「モノを買う」という「個人的な」行為からはすでに離れ、地元に活力を呼び込むために「支え合う」という「社会的な」行動になっています。

親父ギャグではこのことを、「シェアでしょあわせになろう!」と表現します。

主要参考文献

この本を書くにあたって、教科書をはじめ、たくさんの本にあたりました。お金についてさらに考えを深めたい、もっともっといろんな人の意見をききたい、という人もいると思います。ぜひ、参考にしてください。

『評価と贈与の経済学』(岡田斗司夫・内田樹著／徳間書店／二〇一三年)
『非電化思考のすすめ』(藤村靖之著／WAVE出版／二〇一二年)
『第四の消費』(三浦展著／朝日新書／二〇一二年)
『知らないと損する　池上彰のお金の学校』(池上彰著／朝日新書／二〇一一年)
『闇金ウシジマくん』(真鍋昌平作／小学館／二〇〇四年)
『億男』(川村元気著／マガジンハウス／二〇一四年)
『この世でいちばん大事な「カネ」の話』(西原理恵子著／角川文庫／二〇一一年)
『現代の貧困』(岩田正美著／ちくま新書／二〇〇七年)

『高校生にもわかる「お金」の話』（内藤忍著／ちくま新書／二〇一一年）
『金融がやっていること』（永野良佑著／ちくまプリマー新書／二〇一二年）
『食品の裏側』（安部司著／東洋経済新報社／二〇〇五年）
『マネー資本主義』（NHKスペシャル取材班著／新潮文庫／二〇一二年）
『子供にマネーゲームを教えてはいけない』（キャシー・松井著／講談社＋α新書／二〇〇九年）
『百姓貴族(1)』（荒川弘著／新書館／二〇〇九年）
『デフレの正体』（藻谷浩介著／角川oneテーマ21新書／二〇一〇年）
『貧困についてとことん考えてみた』（湯浅誠・茂木健一郎著／NHK出版新書／二〇一二年）

家庭科の教科書は、どれも生活していく上での基礎・基本が書いてあります。ぜひ、読んでみてください。ここでは、二冊だけ紹介します。

『家庭基礎―明日の生活を築く』（開隆堂）
『家庭総合―明日の生活を築く』（開隆堂）

おわりに――お金の授業を終わります

先日テレビを見ていたら、日本で百歳を超えている人(百寿者と呼ぶそうです)が、二〇一四年九月一五日時点で初めて五万人を超えたと言ってました。五〇年ほど前に統計を取り始めたときは一五三人しかいなかったといいますから、ものすごい勢いで増えているのがわかります。

その番組のなかで、「老年的超越」という現象が紹介されていました。耳慣れない言葉だったので興味を惹かれ、あとで自分でも調べてみました。

「老年的超越」とは、「高齢者」が、たとえ体に不自由な部分があったり、思うようにできないことがあったとしても、「現状を非常に肯定的に捉える態度」のことを言うようです。高齢者全員に現れるというわけではなく、何割かの人にのみ見られる現象で、理由や原因はよくわかっていないようですが、家族と暮らしているか、施設にいるか、独居であるかとか、経済的に恵まれているか、そうでないか、などという生活条件には左右されないといいます。

彼らに共通しているのは「高齢」であることと、何事にも満足し感謝する態度、つまり「不平不満を持たない」ことだけなので、「老年的超越」と名付けられたようです。聞いていると、「悟りの境地」という言葉が思い浮かんできました。

「老年的超越」は、高齢者への聞き取り調査などをする中でわかってきたことのようで、面接の際の様子が一部放送されていました。それは、次のようなものでした。

「自分が健康だと感じていますか?」……「はい、大健康です」

「毎日気分よく過ごせていますか?」……「はい、とても気分よく過ごしています」

「周囲の人とうまくいってますか」……「はい、とてもうまくいってます」

「将来に不安を感じていますか」……「いいえ、まったく感じていません」

「寂しいと感じることはありますか」……「いいえ、全然ありません」

「何か楽しみはありますか」……「毎日がとても楽しみです」

「戻れるとしたら何歳ぐらいに戻りたいですか?」……「今が一番いいです」

なんだかすごくないですか。僕の勤務先の高校生なんか、「一年生に戻ってやり直したい」とか「中学時代に戻りたい」なんてしょっちゅう言ってます。同僚の先生たちも、すぐに「歳は取りたくないなあ」とか「若い頃に戻りたい」なんて言ってます。それなのに、超高齢の人たちが、「今が一番いい」なんて言ってるんですよ。

しかも、そう答えている人たちの中には、身寄りがなく施設で暮らしている人、外出する機会が少なくて社会との接触が希薄な人、食事や入浴や排せつに介助が必要だという人なども含まれています。普通なら、「身体中あちこち痛くて辛い」とか「友だちがみんな死んでしまって寂しい」とか「好きなものが食べられなくなってイヤだ」など、いろんな不満が出てきてもよさそうなものです。なのに、みんな自分の生活に「満足」だというのです。

日常生活ですから、体調も人間関係もいいときばかりとは限らないでしょう。しかも、歳をとればとるほど不具合は増えてきます。それなのに「今が一番」だなんて、どういうことなのでしょう。

彼らは、本当に「悟りの境地」に達し、「欲望」から完全に解放されたというのでしょうか？　でも、テレビを見ていても、本やネットで調べてみても、どうもそういうことではないらしく、ウキウキと服や生活用品を選んでショッピングを楽しんでいたり、大好物のものをとても嬉しそうに食べていたりします。「悟っている」というより、本当に「今を楽しんでいる」のですね。「足るを知る」という言葉がありますが、「老年的超越」は、まさにその状態を生きているということなのかなと思いました。

何が違うんだろうと自分自身のことを振り返ってみると、僕なんかはついつい「嫌なこと」「うまくいかないこと」に意識が向きがちなのかなと思いました。お腹が痛かったら、「なんでお腹が痛くならなきゃいけないんだ」と考えたり、電車で誰かに足を踏まれたら、「なんで俺の足が踏まれなきゃいけないんだ」なんて腹を立てたりしています。その一方で、何か「良かったこと」や「うまくいっていること」があっても、「当たり前」とまでは言いませんが、「普通」だと考えていることが多いかもしれません。

僕とは逆で、老年的超越の人は、「嫌なこと」や「うまくいかないこと」がたくさんあっても、それを「普通」、あるいは「当たり前」だと考えているのかなと思います。そして、ほんの少し「良かったこと」や「うまくいったこと」があれば、それを「とても素敵なこと」「大変恵まれたこと」ととらえているのでしょう。

たしかに、何を「当たり前」ととらえるかで、世界の見え方は違ってきます。水道をひねれば水が出てくる場所に住む人と、往復何時間もかけて水を汲みに行かなければ生きていけない場所に住む人とでは、「コップ一杯の水」に対する気持ちは随分違うでしょうからね。

老年的超越の人たちは、「おいしくご飯を頂きました」「テレビを見て大笑いしました」「今日は曾孫《ひまご》が玄孫《やしゃご》を連れて会いに来てくれました」など、与えられたもの、出会ったもの、毎日のひとつひとつのことに楽しみを見つけているのだと思います。

「お金の本」の「おわりに」でこんな話を紹介するからといって、何も、僕はみんなで老年的超越をめざそうと言っているわけではありません。「僕たちはちょっとお金にとらわれ過ぎているのではないか」と言いたいだけです。僕たちは、ついつい「お金があればあれもしたい、これも欲しい」などと考えてみたり、「お金がないからあれもできない、これも無理だ」など、できないことをお金のせいにしてしまいます。

たしかに現代社会ではお金の力は絶大です。それはちょうど、封建社会で「身分の差」が途方もないパワー(権力)の差を生み出したのと同じように、資本主義社会では

「お金の差」がパワーの差を生み出すからです。「お金」があれば「できること」がものすごく増えます。それは、宝くじのCMで、当たった人が「夢のようなこと」を次から次へとかなえる様子が描かれているのを見ていてもわかります。

つまり「お金があれば」は、「権力があれば」という意味と同じです。「お金があれば」自分の現状を好きなように変更したり、思うように人を動かすなど、状況を意のままにコントロールできる「可能性が手に入る」のです。僕は、それこそが、僕たちにとっての「お金の真の魅力」なんだろうと考えています。

でも、今の僕たちが封建社会の様子を聞いて「なんで身分なんかにとらわれているんだろう。変なの。みんなで仲良くすればいいのに」と考えるように、地球という限られた資源を、お金という権力を使って奪い合いをしている僕たちは、お金至上主義じゃない人たちの目からは、やはり「変なもの」に見えるのではないでしょうか。老年的超越の人たちは何も言わないけれど、やっぱり「変なの」と思っているかもしれません。

限られた資源の取り合いをすると、必ず得をする人と損をする人が出てきます。実際、先進国と途上国(この言い方もどうかと思いますが)で起こっている貧富の差、世界中で起きている富の偏在は、この「お金をめぐるパワーゲーム」の結果です。ゲームを進めていけばいくほど、「シアワセ」になれない人がどんどん増えます。「シアワセ」じゃない人がたくさんいる社会は、「良い社会」「暮らしやすい社会」ではないでしょう。

僕は、自分自身のシアワセを強く願っていますが、それを実現するには、世の中の圧倒的多数が「シアワセ」を感じることが一番だろうと考えます。世の中で不幸だと感じている人が減れば減るほど、人々には「余裕」が生じ、生きやすくなると思うからです。

「資本主義社会で成功した人」とは、一般には「大金を得た人」のことを言い、それは基本的に「個人の持つ才能や努力の成果」ということになっています。ところが実際は、知識でも技術でも、個人が自分の力だけで見つけたと言える物など何ひとつありません。どれも、人類の長い歴史の積み重ねがあって、初めて開発できたり発見できたりしたものばかりです。本当にオリジナルなモノなど何もないと言っていいでしょう。大きな目で見れば、それは人類が、あるいは生物が長年かかって積み重ねてきた成果です。それを自分だけで独り占めしようなどと考えるとすれば、宇宙という視点からは「猿山のボス争い」にしか見えないだろうと思います。

世の中は、持ちつ持たれつです。それを、「自分が自分が」と考えると、パワーゲームにたどり着き、どうしても「お金」が必要になってきます。でも、「みんなで」何とかやっていこうと考えるなら、話は随分違います。「お金を得る」ことよりも「人とつながる」ことのほうが大事になってくるからです。共存、共栄の思想です。

「老年的超越」の人たちは、個人的なパワーを一切求めていません。人との関係や物との関係の中に喜びを見つけています。そして、究極と言ってもいいくらいにシアワセに浸っています。

僕たちも、そろそろ考えを改めて、本当の意味でのシアワセや安心できる社会の実現に向かっていく時期を迎えているのではないでしょうか。そのとき、老年的超越の人たちは、僕たちの素敵なお手本になってくれるのではないかと思います。

二〇一四年一一月

南野忠晴

南野忠晴

1958年大阪府堺市生まれ．大阪府立高校英語科教員として13年間勤めながら，家庭科で教員採用試験を再受験．大阪府立高校で初の男性家庭科教員の一人となる．NHK教育テレビ「家庭総合」講師，「家庭科教員をめざす男の会」世話人．市民を対象とした「ジェンダー入門講座」や「生き方講座」など，講演会の講師としても活躍している．著書に『正しいパンツのたたみ方――新しい家庭科勉強法』(岩波ジュニア新書)，共著に『はじめて語るメンズリブ批評』(東京書籍)，『教育とはなんだ』(筑摩書房)など．

シアワセなお金の使い方
――新しい家庭科勉強法2　　岩波ジュニア新書796

2015年2月20日　第1刷発行

著　者　南野忠晴《みなみのただはる》

発行者　岡本　厚

発行所　株式会社 岩波書店
〒101-8002 東京都千代田区一ツ橋2-5-5

案内 03-5210-4000　販売部 03-5210-4111
ジュニア新書編集部 03-5210-4065
http://www.iwanami.co.jp/

印刷・精興社　製本・中永製本

ISBN 978-4-00-500796-7　　Printed in Japan
JASRAC 出 1416563-401

岩波ジュニア新書の発足に際して

きみたち若い世代は人生の出発点に立っています。きみたちの未来は大きな可能性に満ち、陽春の日のようにひかり輝いています。勉学に体力づくりに、明るくはつらつとした日々を送っていることでしょう。

しかしながら、現代の社会は、また、さまざまな矛盾をはらんでいます。営々として築かれた人類の歴史のなかで、幾千億の先達《せんだつ》たちの英知と努力によって、未知が究明され、人類の進歩がもたらされ、大きく文化として蓄積されてきました。にもかかわらず現代は、核戦争による人類絶滅の危機、貧富の差をはじめとするさまざまな人間的不平等、社会と科学の発展が一方においてもたらした環境の破壊、エネルギーや食糧問題の不安等々、来るべき二十一世紀を前にして、解決を迫られているたくさんの大きな課題がひしめいています。現実の世界はきわめて厳しく、人類の平和と発展のためには、きみたちの新しい英知と真摯《しんし》な努力が切実に必要とされています。

きみたちの前途には、こうした人類の明日の運命が託されています。ですから、たとえば現在の学校で生じているささいな「学力」の差、あるいは家庭環境などによる条件の違いにとらわれて、自分の将来を見限ったりはしないでほしいと思います。個々人の能力とか才能は、いつどこで開花するか計り知れないものがありますし、努力と鍛練の積み重ねの上にこそ切り開かれるものですから、簡単に可能性を放棄したり、容易に「現実」と妥協したりすることのないようにと願っています。

わたしたちは、これから人生を歩むきみたちが、生きることのほんとうの意味を問い、大きく明日をひらくことを心から期待して、ここに新たに岩波ジュニア新書を創刊します。現実に立ち向かうために必要とする知性、豊かな感性と想像力を、きみたちが自らのなかに育てるのに役立ててもらえるよう、すぐれた執筆者による適切な話題を、豊富な写真や挿絵とともに書き下ろしで提供します。若い世代の良き話し相手として、このシリーズを注目してください。わたしたちもまた、きみたちの明日に刮目《かつもく》しています。（一九七九年六月）

776 音のない世界と音のある世界をつなぐ ―ユニバーサルデザインで世界をかえたい!― 松森果林著

誰もが暮らしやすい社会にしたいと、生活用品から情報までのUD化を幅広く手がける著者。その仕事ぶりから、UDにかける熱い思いが存分に伝わってくる。

777 宇宙と生命の起源2 ―素粒子から細胞へ― 小久保英一郎 嶺重慎 編著

宇宙のはじまりから太陽、地球、そして細胞、人類誕生の謎に迫る。ブラックホール、iPS細胞、ヒッグス粒子もわかる。DNAから見た生命像が新鮮。

778 日本語のニュアンス練習帳 中村明著

好意vs厚意、駐車禁止vs自動車捨て場、お休みいたしますvsさせて頂きます――日本語表現の微妙な違いを楽しく学べる100問。

779 プチ革命 言葉の森を育てよう ドリアン助川著

どんなに生きづらい世の中でも、心が自由なら希望を持って生きていける。心の中に言葉の葉を繁らせて人生を広げていこう。一人でできるプチ革命の提案です。

780 理系アナ桝太一の生物部な毎日 桝太一著

人気No.1アナの素顔は、生物オタクだった?! バッタにチョウチョ、アナゴとアサリ…。生き物とともに成長してきた著者が、その魅力を熱く語る青春記。

781 身につく英語のためのA to Z 行方昭夫著

AからZまで26のキーワードによる楽しいエッセイで、「読む」「書く」「聴く」「話す」の四つの力を獲得するコツを解説。

782 お城へ行こう! 萩原さちこ著

さまざまな魅力にあふれているお城。歴史をたどりながら、特徴や見どころを丁寧に解説する。あわせてお城めぐりの楽しさも伝える。 [カラー8頁]

783 政治のキホン100 吉田文和著

政治の概念から、国会や内閣の仕組み、選挙・世論まで、見開き1話で16のテーマを解説する全100話。難しい用語も丁寧に説明。新聞を読むための基礎力も身につく。

784 5アンペア生活をやってみた　斎藤健一郎 著

電気に極力頼らずに暮らしたい。エアコンや電子レンジなど身の回りにあふれる家電製品と決別して見えてきた、本当に豊かな生き方とは。

785 この思いを聞いてほしい！ ―10代のメッセージ―　池田香代子 編著

私たちの声を大人たちに伝えたい！ 平和や環境、国際社会、学校生活など、さまざまな問題について、自らの言葉で向き合う若者たちの切実な思いを伝えます。

786 「育ち」をふりかえる ―「生きていい」、そう思える日はきっとくる―　渡井さゆり 著

児童養護施設で長く暮らした著者が自らの生い立ちをたどります。親に愛された記憶を持たず、孤独と疎外感のなか、生きる意味を問い続けた日々…。

787 大学生活の迷い方 ―女子寮ドタバタ日記―　蒔田直子 編著

悩んで、転んで、落ち込んで…悩み多き学生たちのドタバタに寄り添ってきた「名物寮母さん」が綴るすっぴん大学生たち。

788 10代の憲法な毎日　伊藤真 著

校則と個人の自由はどちらが優先される？ 部活動のトラブルはどうやって解決する？ 憲法の精神を身近な生活にいかす方法を学ぶ一冊。

789 漢詩のレッスン　川合康三 著

恋人との別れ、故郷への思い、心に染み入る風景…。たった四行の詩「絶句」から、豊かな漢詩の世界に触れてみよう。基礎知識もしっかり解説。

790 人とミルクの1万年　平田昌弘 著

家畜のミルクに依存する、牧畜という生活様式はいつ始まったか。世界の牧畜民をたずね歩く人類学者が、乳文化の歴史へと案内する。

791 〈できること〉の見つけ方 ―全盲女子大生が手に入れた大切なもの―　石田由香理・西村幹子 著

視覚障害を理由に将来の可能性を否定され、傷つき悩んだ10代の頃。果たしてどのように壁を乗り越え、自分の可能性を広げていったのか。